珍藏本
纪念版

汉译世界学术名著丛书

汉语的本质和历史

〔瑞典〕高本汉 著

聂鸿飞 译

商務印書館
SINCE 1897 The Commercial Press

2017年·北京

Bernhard Karlgren

THE CHINESE LANGUAGE: AN ESSAY ON ITS NATURE AND HISTORY

汉译世界学术名著丛书
（120年纪念版·珍藏本）
出 版 说 明

2017年2月11日，商务印书馆迎来120岁的生日。120年前，商务印书馆前贤怀揣文化救国的理想，抱持“昌明教育，开启民智”的使命，立足本土，放眼寰宇，以出版为津梁，沟通中西，为中国、为世界提供最富智慧的思想文化成果。无论世事白云苍狗，潮流左右激荡，甚至战火硝烟弥漫，始终践行学术报国之志，无改初心。

迻译世界各国学术名著，即其一端。早在20世纪初年便出版《原富》《天演论》等影响至今的代表性著作，1950年代后更致力于外国哲学和社会科学经典的译介，及至1980年代，辑为“汉译世界学术名著丛书”，汇涓为流，蔚为大观。丛书自1981年开始出版，历时三十余年，迄今已推出七百种，是我国现代出版史上规模最大、最为重要的学术翻译工程。

丛书所选之书，立场观点不囿于一派，学科领域不限于一门，皆为文明开启以来，各时代、各国家、各民族的思想与文化精粹，代表着人类已经到达过的精神境界。丛书系统译介世界学术经典，引领时代思想，为本土原创学术的发展提供丰富的文化滋养，为推动中国现代学术和现代化进程做出了突出的贡献。

为纪念商务印书馆成立120周年，我们整体推出“汉译世界学术名著丛书”120年纪念版的珍藏本，寄望既利于文化积累，又便于研读查考，同时向长期支持丛书出版的译者、编者和读者致以敬意。

两甲子后的今天，商务印书馆又站在了一个新的历史时间节点上。我们不仅要铭记先辈的身影和足迹，更须让我们的步伐充满新的时代精神。这是商务人代代相传的事业，更是与国家和民族的命运始终紧密相连的事业。我们责无旁贷，必须做好我们这代人的传承与创造，让我们的努力和成果不仅凝聚成民族文化的记忆，还能成为后来人可以接续的事业。唯此，才能不负前贤，无愧来者。

商务印书馆编辑部

2017年10月

译者说明

《汉语的本质和历史》是现代汉语言学的奠基人高本汉(Bernhard Karlgren)于1946年用瑞典文发表的,本书据1949年纽约英译本转译,英译本原题为 *The Chinese Language: An Essay on Its Nature and History*。

本书分为六个部分,不设章节题目。现在这个中译本依次为每章加上了"引言、文字、音韵、语法、训诂、结语"六个章题,以便检索。

本书涉及的语种较多,除汉语和英语外,尚有法、德、瑞典、拉丁等语言。原书为便于英美读者阅读,一般在汉语和法、德、瑞典、拉丁语的例词、例句后加圆括号,给出英文意译。中译本为便于中国读者阅读,只把欧洲语言意译成汉语,而把汉语后附的英译一概删去。为求醒目,中译本从英语译来的例句放在方括号里,置于原例句之后,原著的括注仍放在圆括号里,以示区别。

原书注音一律使用旧时的罗马字母,仅在构拟的汉语上古音形式前加星号提示。中译本遵照当前我国语言学界的习惯对原书的注音符号作了一些改动。现在这个译本中的英、法、德、瑞典、拉丁等语言用原字母印刷;不用于方言比较而只在行文当中出现的现代北京官话形式用汉语拼音斜体印刷,必要时在每个音节之后用上标注明声调，以 1、2、3、4 分别代表阴、阳、上、去四声；其余语音形式用国际音标表示，古音前加星号。当必须将音标区别于拉丁字母文字时，将音标放在方括号内。中译本使用的音标和原著对照如下（括号内是原著的音标）：

元音：

a(ɑ)、ɑ(â)、i、e、ɛ(ä)、ə、ɯ(ы)、ʅ(ï)、o、ʊ(ô)、ɔ(å)、u、y(ü)。

元音附加符号：

ː 加在元音之后表示长音。

˘ 加在元音之上表示短音。

辅音：

p、b、m、f、t、d、n、l、ts、dz、s、z、tʂ(tṣ)、dʐ(dẓ)、ʂ(ṣ)、ʐ(ẓ)、tʃ(tš)、dʒ(dž)、ʃ(š)、ʒ(ž)、ȶ(t^{y})、ȡ(d^{y})、tɕ(tś)、dʑ(dź)、ɕ(ś)、ʑ(ź)、ȵ(ń)、g(g)、k、x(χ)、ɣ(γ)、ʔ(·)、j(y)、w。

辅音附加符号：

ʼ 加在辅音之后表示送气。

j 加在辅音之后表示腭化。

目　　录

导　读

聂鸿音

《汉语的本质和历史》是瑞典汉学家高本汉的名著之一，书里主要讲述了两方面的问题：第一，告诉初学汉语的人应该注意些什么；第二，告诉有志于研究古代汉语的人应该怎样去开展研究。这部书初版于 1946 年，本来是为欧洲大学生写的汉语入门读物，由于作者在写书时已经假定读者受过了西方普通语言学的基础教育，所以中国学生在阅读的时候会感觉它比一般的普及读物略深一些。

高本汉(Bernhard Karlgren)1889 年出生于瑞典，1909 年毕业于瑞典的乌普萨拉大学，其后的三年曾在中国的山西、陕西一带考察汉语方言，回到欧洲后即投身汉学研究，并于 1915 年在乌普萨拉大学获哲学博士学位。自那以后他历任乌普萨拉大学副教授、哥德堡大学教授、校长、远东考古博物馆馆长、瑞典人文科学院院长、皇家文史考古研究院院长，直至 1978 年逝世。“高本汉”是他给自己起的中文名字，这是用他姓氏第一个音节的音译再加上名字的音译构成的，据说当年他总是习惯于用浓重的山西口音向别人介绍自己：“我本来就是汉人嘿。”高本汉一生致力于研究中国的语言和历史文化，用英文、法文和瑞典文写下了上百种著作和论文，在汉语音韵学上取得的成就尤为后人称道。中国的著名学者胡适曾经这样评论20世纪初的欧洲汉学家:“除了伯希和跟高本汉,别人都是洋骗子。”不能否认这话说得有些尖刻,不过我们从中可以领会到高本汉在学术界获得的巨大声誉。即使是在今天,中国人民仍然没有忘记他们的这位老朋友,这当然要在一定程度上归功于他的得意门生、当今的诺贝尔文学奖评委马悦然(Goran Malmqvist)。

近两百年前诞生的历史比较语言学在19世纪得到了飞速的发展,最终成为了那个时代人文科学最辉煌的成就之一。现在人们在回顾这段历史的时候总会感到,历史语言学的基本方法几乎同时被用来研究汉语和印欧语言,可是与印欧语言学相比,19世纪的汉语言学研究却明显处于落后状态。这里面的原因也许有很多,但最主要的应该是中西双方学者在基础语料和研究方法两方面的隔膜——中国学者深受两千年经学传统的影响,对文字、音韵、训诂材料的掌握可谓博大精深,但他们最终的目的是“通经”,而不是进行语言本体的研究;另外,很多中国学者向来不重视学习和了解外民族的语言,狭隘的语言视野也使他们不想去探寻语言发展的共性。西方的情况则与中国相反,当年的殖民运动使欧洲人了解到了世界上各种各样的语言,也逐渐认识到了人类的语言有其共同的发展规律,并找到了探寻这些规律的一些科学方法;不过他们对汉语毕竟不如对欧洲语言那么熟悉,而且绝大多数学者也没有机会到遥远的东方亲身体验中国人的语言生活,所以他们一般只能从传教士的记录里了解中国的语言。我们知道,当年那些长期住在中国的传教士并不是语言学专业人员,他们的记录尽管详细,但与科学研究的要求还相距甚远。

很明显,20世纪的汉语研究期待着中国本土语言素材和西方科学方法的结合，而这也正是高本汉给自己设定的任务。他在《汉语的本质和历史》中说，他要继续探究清儒首创的研究工作，用现代西方语言学的方法审视他们所归纳的材料，以便构拟出某一阶段的古汉语音系，而这个阶段要古得足以成为他研究现代方言的必要基础。必须承认，高本汉不愧为语言学天才。当时欧洲的汉学研究中心在法国，高本汉在那里受到了严格的语言学和汉学训练，再加上他青年时代在中国的山西一带游历，亲自调查了当地的很多种汉语方言，这些详尽而准确的活语言资料后来在他那里与古汉语文献以及欧洲历史语言学的科学方法实现了完美的结合。1915 年到 1926 年，他经过增订的博士论文《中国音韵学研究》陆续发表，结集后又经赵元任、罗常培、李方桂这三位中国语言学巨匠合作译成了中文，这部辉煌的著作被人们视为现代汉语言学的时代标志，时至今日仍然是古代汉语和汉语方言专业学生的必读书。

青年时代的中国之旅在高本汉心中形成了一股抹不掉的中国情结，偶得闲暇，他总想向西方人介绍中国的语言和文化，为此他有时也会翻译中国的文学作品，有时也会写一些关于汉语和中国文化的普及读物。这本《汉语的本质和历史》就是他为欧洲大学生写的一本入门书。我们之所以反复称之为"入门书"，是因为高本汉在这里并没有公布任何"最新成果"，而仅仅是从他自己以前的著作中选取了一些最得意的结论和例证，按照由浅入深的教学组织原则重新予以表述而已。

《汉语的本质和历史》的引言部分是站在一个初学汉语的西方人立场上开始叙述的。这时不妨回想一下，我们在初学英语的时候有什么感觉？事实上中国人当年感到最头疼的事主要有两件：第一，英语单词念出来都是一嘟噜一串儿的，记忆起来比汉语的单音节词困难得多。第二，英语的名词和动词一旦用在句子里，常常要在后面加上一个或几个字母。例如单数的“书”是 book，而复数的“书”必须是 books；“我去”是 I go，而“他去”必须是 He goes。如果遇到不规则的词形变化，还必须当成不同的单词来分别记忆，这样古怪的语法规则使得中国人不经过一段时间的练习很难掌握。事实上就像初次接触英语的中国人感到不习惯一样，初次接触汉语的欧洲人也感到不习惯，只不过他们感到不习惯的地方刚好和我们相反，也就是说，欧洲人不理解汉语的词念出来怎么会是带声调的单音节词而不是一嘟噜一串儿的，也不理解汉语的词形在句子里怎么会是始终不变的。高本汉按照 20 世纪初最流行的观点，把中国人和欧洲人这两个互不习惯的方面归因于语言类型的不同，即欧洲语言是多音节的“屈折语”，汉语是单音节的“孤立语”，而后者也就是他向西方学生强调的汉语最重要的特性。

当进入叙述的主题时，高本汉首先讲的是汉字。按照历来的学科分支，语言学里并不包括文字学，因此即使是专讲汉语的西方著作也一般不设专章去分析汉字的形体。然而有趣的是，尽管高本汉的其他著作都带有浓郁的“经院派”气息，但在这里他却大胆地突破了经典的语言学教材框架，把文字也纳入了语言学的研究领域。当然，这样做在中国的学生看来是很自然的，因为中国传统的语文学往往不去刻意区分语言和记录语言的符号——文字。

不知道高本汉在书中设立专章介绍汉字是不是受了中国人的影响，但我们的确看到，他对具体字形的分析明显脱胎于《说文解字》以来的中国学术传统。不过可以认为,高本汉对汉字历史的阐述和许慎稍有不同。如果我们把“六书”的排列次序理解为古代汉字结构类型产生的先后,那么就可以发现,高本汉的论述顺序是“象形”、“会意”、“假借”、“形声”,而不是中国传统上的“象形”、“会意”、“形声”、“假借”,这表明他认为“假借”这种造字方法(或者说“用字方法”)是在“形声”之前产生的。应该承认,高本汉主张的这个次序比中国传统的六书更加符合世界文字发展史的常情,至少就汉字本身来说,形声字里的“声”本来就是假借去的,例如,“扣”字里的“口”在词义上和“扣击”根本就没有任何关系,同样的情况还可以在各种不同民族的原始文字里得到验证。不过需要注意的是,高本汉接下来写的一大段文字却与汉字教学的实际不大相符。他指出,汉语的语音在不断地变化,但汉字的形体却相对固定,这使得千百年之后的形声字已经不能正确反映它在造字时代的读音了,这当然是千真万确的;可是他却认为汉字声符的古今读音不同是学生学习汉字的最大障碍,因为现代的学生不可能理解“的”字为什么会从“勺”得声。毋庸讳言,这肯定是高本汉不了解中国的汉字教学情况所导致的误会。事实上在中国的汉字教学中,形声字的形符和声符是被分别记忆的,例如教“的”字的时候,教师只要求学生记住这个字是由“白”和“勺”凑成的,并不要求学生理解“勺”和“的”在读音上有什么联系。即使教的是“扣”这类古今音变不厉害的字,教师也仅仅告诉学生这个字是“提手旁”加一个“口”,而不必强调“口”和“扣”在读音上相似。高本汉指责汉字不合读音规律的谐声不利于学生的记忆,这恐怕多少有些外国人的偏见在里面。其实每个中国学生都深有体会,尽管字母拼成的英文反映词语读音比汉字清楚直观得多，但是初学者也总是要花费极大的气力去背单词的。

当话题从汉字教学转入学术研究的时候，高本汉利用商周时代的铜器铭文对《说文解字》里的部分文字解说提出了质疑。后面所举的例子大多出自他的名著《汉文典》(Grammata Serica, *Bulletin of the Museum of Far Eastern Antiquities*, No. 12, 1940)，但不全是他自己的创见，而是他有意从晚清到近代中国学者的著作中选取出来的，这些例子在现代中国的文字学课堂上已基本被视为定论。他选取这些公认的例子，其目的是告诉有志于研究中国文字的学生不要迷信《说文》里的解说，而应该从更古的文字中提炼字形的实际所指，并结合汉字的古代读音来综合分析，这样才能有效地排除后世音义的干扰，看到当初汉字创制者的真正意图。当然，高本汉在这里谈的正是19世纪以来中国学者共同遵循的研究思路，只不过中国人长期以来习惯于借用汉字为古韵标目，这当然远不如用音标注音容易使读者看得明白。

对汉字的分析过程凸显了懂得汉字古代读音的重要性，于是高本汉开始介绍他在汉语音韵学上的成果，这一领域的研究是高本汉毕生学术心血的一个闪光点，也是使他获得世界声誉的关键所在。

高本汉研究汉语音韵是分成两步走的，首先研究的是以《切韵》为代表的中古汉语(公元601年)，然后再在这个基础上推导以《诗经》为代表的上古汉语(约公元前500年)。《汉语的本质和历史》里的叙述也是按照这个顺序进行的，只不过在那一章的开头介绍了一下西方历史语言学构拟古代语言的基本理论和方法。

高本汉对中古汉语的构拟始于他的成名作《中国音韵学研究》

(Etudes sur la phonologie chinoise, *Archives d'Etudes Orientales*, 1915—1926),他使用的资料有三种:一,中古时代的汉语韵书,从中可以知道当时汉语声韵的详细分类;二,周边语言的中古汉语借词,包括日译汉音、日译吴音、朝鲜译音和越南译音,从中可以知道当时汉字的大致读法;三,现代汉语方言,从中可以整理出汉字的古今音变。高本汉大概认为整个中古汉语语音系统的具体构拟步骤过于繁复,初学者一时难以掌握,所以他只举出了三个类型不大相同的例子,希望读者能够从中体会到汉字古音构拟的基本思路。

第一个例子涉及中古的浊塞音和浊塞擦音声母,目的是展示在构拟古音时怎样利用现代汉语方言资料。高本汉列出了舌音(端透定)、齿音(精清从)、唇音(帮滂并)三个表,表中显示清音(端透、精清、帮滂)在现代各方言里的读法是一样的,但浊音(定从并)在现代方言里却有三种不同的读法。根据历史语言学上的"失落原则",即一个音的内部成素在历史演化中只能丢掉而不能增加,高本汉选择了上海话的浊塞音和浊塞擦音作为中古汉语形式,并且还为每个音加上了送气,这样可以圆满地解释所有的现代方言。以古定母为例,我们可以说这个送气浊塞音(d')在北京话和广州话里失落了浊音性质(t'),在上海话里失落了送气(d),在福州话里则把浊音性质和送气都失落了(t)——所有的演化都符合历史语言学的原则。

第二个例子涉及中古的歌韵,目的是展示在构拟古音时怎样利用周边语言的中古音译资料。高本汉指出,有时现代汉语方言资料表现为极大的分歧,以至人们不大容易从中辨别出古代形式,这时就可以依据周边语言的中古音译资料来解决疑难。我们看到，高本汉参考日本译音、朝鲜译音和越南译音，把这个中古韵母构拟成了很低的后元音 ɑ，这样，所有错综复杂的现代汉语方言读音就都可以用“唇化”和“元音高化”这两条历史语言学的规律来解释了。

第三个例子只涉及“耳”字，目的是展示在构拟古音时怎样综合考虑上述全部资料。高本汉的材料表明“耳”在现代北方话里的读音 ər 是个后起的形式，它在较早期的基本形式是 ȵi 或者 zi。按照历史语言学的常规，辅音声母 ȵ 和 z 是不大可能相互转换的。为了调和这个矛盾，高本汉为中古汉语的这个声类（日母）构拟了 ȵʑ，并且假定了一系列极其烦琐的历史演化公式。他的公式当然并非完全不能成立，但是由于 ȵʑ 这个音实在让人觉得有些异样，所以后来的汉语音韵学家很少有人支持这样构拟，只有高本汉本人一辈子都在坚持这个观点。

高本汉对上古汉语的构拟始于他的《诗经研究》（Shi King Researches, *Bulletin of the Museum of Far Eastern Antiquities*, No. 4, 1932），不过当前这本书在从中古音进而论述上古音时，他只举了之部（他称为第二十一部）的例子，希望能展示这个韵部的尾音 g 是怎么推导出来的。首先他指出，“来”、“里”、“已”、“耳”、“久”、“得”、“息”、“福”八个字在《诗经》里都可以押韵，这说明它们在《诗经》时代一定具有相同的韵尾和相近的主元音。然而高本汉接下来要解释一个极大的疑难问题——按照他此前构拟的中古音，“来”、“里”、“已”、“耳”、“久”五个字都用元音收尾，而“得”、“息”、“福”三个字却用塞音 k 收尾，元音和塞音怎么能够押韵呢？如果假定前五个字在上古也有尾音 k，那显然是不行的，因为那将无法解释同样的尾音 k 为什么后来在后三个字里保留着而在前五个字里脱落了。这就是说，他必须为“来”、“里”、“已”、“耳”、“久”五个字构拟某种收尾音，这个收尾音要满足两个条件：一，它必须是个和 k 非常接近的塞音，这样它们才能在一起押韵；二，它必须是个浊音，这样才能在后代变成收尾元音 i(参看“来”后代读 *lai*)。能同时满足这两个条件的音应该是 g，它和 k 只有清浊的微小区别，所以能在一起押韵；另外，位于词尾的 g 变成 i 也符合印欧语的历史音变规律(参看德语的 Tag 和英语的 day)。因此，高本汉为上古汉语的这批字构拟了 g 韵尾。不过必须指出的是，高本汉尽管在下文又举了谐声字和多音字的例子，试图对这种情况进行进一步的论证，但那些例子只能证明“来”、“里”、“已”、“耳”、“久”和“得”、“息”、“福”在上古读音相近，却并不能证明那个韵里一定存在收尾音 g，事实上这个全凭推理而构拟的 g 韵尾毕竟缺乏当时语言的实证，因而受到了后来一些音韵学家的质疑。

像经典的语言学教材一样，高本汉在语音部分之后安排的是语法部分，这部分的开头完全是站在西方人立场上写的。从中我们可以知道西方人对汉语这种单音节的孤立语是多么地不适应，这就像我们不适应英语这种多音节的屈折语一样。稍有些对外汉语教学经验的中国教师不难体会到，就像高本汉说的，外国学生在学习汉语时最头疼的不是汉字的字形，而是汉语里没有清楚的标记帮助他们分辨词性以及词在句中的作用。在读书的时候，外国学生经常不能判断一个词是名词还是动词，也不能判断一个词究竟是用作谓语还是定语。有不少教师一直在试图寻找一套帮助外国学生理解汉语“语法”的窍门，其实在非研究性的语言教学里，这样的尝试恐怕会事倍功半。高本汉当年对此也毫无办法，他只能告诉学生“需要有猜测力，或者更确切地说，需要体会中国人造句的方式，需要体会他们用言语表达思想的方式。你必须了解中国人的思路，而要做到这一点只有一个办法：读书，读书，再读书，使你习惯中国人的思考方式，直到你能像中国人那样自动思考时为止”。

当话题转到研究领域时，高本汉用到了他的论文《原始汉语为屈折语考》（Le Proto-chinois，langue flexionnelle，*Journal Asiatique*，1920），这篇论文在前人研究的基础上提出了一个也许会让中国学生感到震惊的论断——汉语在原始阶段并不是像现在那样的孤立语，而是像欧洲语言那样的具有形态变化的屈折语——这方面的研究构成了他毕生学术成就的第二个闪光点。

每个人都可以看到，即使是在现存最早的文献中，汉语的名词也没有主格、宾格之类的变格，动词也没有时态、语态之类的变位。因此，高本汉如果要证明汉语曾经是屈折语，就必须假定那是汉字产生之前的原始汉语的情形，这样，他一旦能在稍晚些的先秦文献里找到变格、变位的蛛丝马迹，那么，这些蛛丝马迹不管多么零碎而不成系统，都可以解释为原始汉语屈折系统的残留。

按照印欧历史语言学的经验，我们知道“变格”这种东西好像是从复杂向简单的方向发展的，在发展的过程中，即使变格在名词中完全失掉了，它也还会在代词中保留一段时间。沿着这个模式，高本汉在汉语中发现了一个有趣的事实，即上古的人称代词“吾”和“汝”一般只用于主格和属格，“我”和“尔”一般只用于与格和宾格，而且，同一人称的主格和属格仅仅表现为词尾元音的不同。这个发现后来被学术界认为是原始汉语屈折语性质最重要的证据之一。

接下来高本汉利用他构拟的上古汉语读音来探讨屈折语的另一个特征，即通过改变词根里的个别音素来派生出新词的手段。为了论证这个问题，高本汉不厌其烦地列出了一套长长的字表，目的是尽可能全面地总结上古词语派生的音变模式，这包括同部位声母间的音变、介音间的音变，以及同部位韵尾间的音变。他举出的例字绝大多数都是从此前中国学者的训诂学著作里转引的，可以认为准确可靠，只不过中国人总是习惯于就事论事地解释具体的例字，而始终没有像高本汉那样综合所有的素材并把它们高度地条理化，进而引出某个重大的理论问题。另外，中国人在论述这类语言现象时一直使用诸如“对转”、“旁转”、“四声别义”之类玄奥的术语，这当然不如高本汉的古音构拟那样使人看上去有直观的感觉。

要证明汉语曾经是屈折语还有一个不可回避的问题，那就是必须证明汉语中存在有形态的词类，也就是说，我们必须找到一些成对的词，其中每个词的读音和意义都相近，只是用个别音素的转换来表示它们中哪个是名词，哪个是动词，哪个是形容词，等等。这些音变规则包括清浊声母间的音变、零介音和i介音间的音变，以及清浊韵尾间的音变。尽管高本汉出于节省篇幅的考虑，并没有在他所开列的词语后面附上古书的例证，但由于这类词大多是中国训诂学著作里提到过的，所以能够得到国际学术界的普遍接受。当今国际上的汉藏语研究者大都把自己的思考建立在承认原始汉语是屈折语的基础上，这种局面的形成不能不说高本汉有关键的开创之功。

在对原始汉语的屈折语性质作出了一套比较圆满的证明之后，高本汉强调指出，汉语最初的屈折语性质在大量的上古文献产生之前就已经极大幅度地消磨掉了，他所描述的早期语法遗迹仅仅是学术研究的对象，在今天汉语课堂上的语法分析中不能给我们任何有价值的帮助。汉语缺乏西方语言中那样表示屈折和派生的形态，这仍然是西方人掌握汉语的最大绊脚石。

最后，高本汉以他当时正在写作的《诗经注》(Glosses on the Book of Odes, *Bulletin of the Museum of Far Eastern Antiquities*, No. 14, 16, 18, 1942, 1944, 1946)为基础，举例性地分析了《诗经》的几则词语，目的是展示怎样综合利用文字、音韵、语法的知识并结合中国人使用比喻的心理习惯来读懂古书。这一大段文字里除了使用音标来为汉字注音之外，高本汉几乎完全继承了近代中国乾嘉以来的训诂学传统，简要说来就是从汉字的古读入手去寻找更为符合《诗经》句意的通假字，并且把寻找到的通假字拿到其他的古书里去验证。他把《小雅·天保》的“除”训为“储”(积聚)，把《小雅·宾之初筵》的“僛”训为“倛”(跳神时戴的面具)，把《大雅·绵》的“蹶厥生”训为“蕨厥牲”(摆出了他们的祭品)，把《小雅·正月》的“云”训为“芸”(众多)，把《周颂·小毖》的“肇”训为“灵巧的”、“快的”，然后又解释了《小雅·小弁》、《小雅·苕之华》、《小雅·宾之初筵》里的几则比喻。高本汉的这些解释大都是在和统治中国千余年的“毛传”、“郑笺”论辩，其中有些并不一定全能得到中国学者的认可。例如他训《小雅·宾之初筵》的“僛”为

“倛”(跳神时戴的面具),并举《荀子》“面如蒙倛”为证,这可能就有些问题。因为《诗经》原文“屡舞僛僛”中的叠音词“僛僛”是形容词,“面如蒙倛”里的“倛”却是名词,而名词一般不能叠用。当然,若仅从了解西方汉学对中国“国学”的接受程度而言,这些论述也还是完全值得一读的。

随着中国近三十年来开放政策的实施,希望掌握汉语的外国人越来越多,他们中间还有不少人来到中国学习和工作。对外汉语教学事业的空前发展要求中国的汉语教师不但要懂得外文,而且还要懂得外国人与中国人不同的思考习惯,这样才能有效地提高我们的汉语教学水平。为此,我们的汉语教师应该了解一下外国人怎么看待汉语,以及他们认为学习汉语的最大难点在哪里。汉语是世界的,汉语研究也是世界的。对于那些准备走上科研道路的中国学生来说,他们除了研读《说文》、《尔雅》之类中国传统语文学典籍之外,也应该浏览一些外国学者的著作,这样才能使自己尽快获得与国际学术界对话的能力。当然,外国人的汉学研究专著大多不容易看懂,所以初学者最好先看一本入门读物,把外国人研究汉语的基本思路搞明白了以后再去接触那些大部头的专著。出于这些考虑,我觉得这本《汉语的本质和历史》虽然是在半个多世纪以前写成的,但是对于今天的中国学生来讲仍然有用:他们通过那些准确生动的例证可以很快领略到西方汉语言学的真谛,等到将来真正接触到国际上的最新研究成果时,他们会发现高本汉的基本学术精神仍然在当今学者中间延续。

一　引言

对于多数西方人来说，汉语是个未知的领域，而他们之所以发现汉语很有用处，并且乐于了解一些关于汉语的知识，这实在是良有以也。应当指出，大约有4亿5千万人以汉语为母语，这占了世界人口的很大部分；另外，比欧洲还大的中国是西方贸易的场所，而贸易在和平年代又极其重要。所以，欧洲各国人就一定得通过与目前所知截然不同的方式来了解一些中国的语言和文明。但是，汉语的世界之所以能够引发我们的兴趣，还有其他一些学术上的原因。

有一句名言说，你每学会一种语言，就多掌握了一种思路。这话很对，它不仅考虑到因此而打开了该语言的文学、思想和美学的新领域——这毕竟可以通过好的翻译来获得——而且首要的是，你的思想被迫离开了母语为你造就的熟悉轨道，从而把你自己提升到了一个更高的水准。你会认识到，基本相同的思想可以用差异很大的方式来体现，可以用与你所习惯的母语完全不同类型的语言来表达。即使是限制在跟我们最近的亲属语言里，比如日耳曼语里，我们也强烈地感到了这一点。德语通过一套复杂的屈折系统来表达思想，如名词变格和动词变位，与我们在英语中的表达方式不同。所以，在Der Mann gab dem Knaben einen Apfel[这人给了这孩子一个苹果]这句德语中，屈折变化清楚地指明了主语、直接宾语和间接宾语，而在 The man gave the boy an apple[这人给了这孩子一个苹果]这句相应的英语中，句子成分则全由语序确定。事实上，英语已大幅度地取消了词类之间的形态区别，英语的形容词 clean[清洁]本来应该对应于动词 cleanse[使清洁]，但这种区别几乎已经消失了，英国人已不再说 I cleanse the table[我使桌子清洁 = 我擦桌子]，而说 I clean the table[我清洁桌子 = 我擦桌子]，因此 clean 这个词既能用作形容词，又能用作动词。同样地，名词 table 也毫无疑问可以用作动词，如 to table a question [把一个问题摆在桌面上 = 提出一个问题]。事实上，词类之间形态区别的对照经常出现在英语和德语这两门密切同源的日耳曼语里。如果我们查阅一下亲属关系较远的语言，如罗曼语，那么这种区别就更加明显。当然从整体来看，一种欧洲语言译成另一种欧洲语言确实经常仅仅是逐词逐字的转换，因为它们的句子结构、词义界定、修辞手段等大都相同或者相似；但尽管如此，更进一步地观察就会发现，外国人的言语思路在很多情况下都与我们相差很远。以法国人为例，我曾经问过一个法国同行，现在是否相信据我所知是他以前曾反对过的那个理论，他回答说他逐渐相信这个理论了，他这样组织句子：J'y arrive[我到了这里 = 我相信了]。英国人绝不会用这种方式来叙述事情，构成这种思想方式的是法国的思路，而不是英国的。

现在让我们绕到地球的另一边，接触另外一门语言。这门语言几千年来一直独立存在，实际未受外来影响，它经历了自己特有的发展进程，从而构成了不同于市井俗谈的、华丽多彩的文学语言。那么，我们显然可以期望远远脱离在与英语同源的印欧诸语言中所习惯的一切，而进入一个奇异的世界。

我们正是想给出一些有关汉语特性的知识，尽管是初步的，但作为思维最有效工具的语言还是可以解释中国人的思维方式的。

让我们先看几句现代北京人所说的汉语，即所谓“官话”。

Zhao^4 *xian*^{4} *cheng*^{2} *wai*^{4} *you*^{3} *yi*^{1} *jia*^{1} *liang*^{3} *kou*^{3} *ren*^{2}
赵 县 城 外 有 一 家 两 口 人，

yi^1 *ge*^{4} *qi*^{1} *shi*^{2} *duo*^{1} *sui*^{4} *de* *lao*^{3} *po*^{2} *gen*^{1} *ta*^{1} *er*^{2} *ta*^{1} *jia*^{1}
一 个 七 十 多 岁 的 老 婆 跟 她 儿，她 家

hen^3 *qiong*^{2} *chang*^{2} *mei*^{2} *you*^{3} *fan*^{4} *chi*^{1} *tian*^{1} *tian*^{1} *da*^{3}
很 穷， 常 没 有 饭 吃； 天 天 打

chai^2 *mai*^{4} *qian*^{2} *de*^{2} *yi*^{1} *dian*^{3} *mi*^{3} *rou*^{4} *du*^{4} *ming*^{4}
柴 卖 钱，得 一 点 米 肉 度 命。

在这段话里我们展现了汉语最重要的特性：它是单音节语，即一个词（非复合词）由一个单音节构成；它又是孤立语，即每个词都有一个始终不变的形式，而没有那些以句中词与词之间关系为基础的屈折手段和词形变化。英语根据 man[人]在句中的作用把这个词变成 man's[人的]、men[人们]或 men's[人们的]，而汉语却总是固定不变的单音节 *ren*^{2}（人）。在西方语言中，除了那些由词本身的变形来表现的屈折之外，我们还发现有用独立的虚词来表达的屈折，例如法语的 la famille de son père[他父亲的家]，其中“父亲的”这个属格由虚词 de 来表达。在汉语中也能找到一批这样的助词，但是并不多见，在上面所引的整句话里只有一个例子：“（岁）的”，而稀奇的是，这些助词不是非用不可，常常是不用助词

而句子仍很明白。词组 their house 可以是“他（她）们的家”，但简单地说成“他（她）们家”也一样。你用英语把 his father[他的父亲]说成 he father[他父亲]是不行的，然而这两种说法在汉语用来都很流畅。这突出地表明屈折在汉语里所起的作用是非常次要的。

现在如果看看汉语的读音，我们就会发现汉语现代官话异常简单，语音贫乏。从上面的例子可以明显看出，所有的词要么收元音尾，要么收 *n*、*ng*、*r* 尾。如果我们不把[dʑ]和[ts]这类音也算在内，那么就不存在英语 spring 或 salt 里面的那种两个以上的辅音连缀，而[dʑ]和[ts]事实上并不是两个辅音，说话人只感觉到它们是单音——因此德文合情合理地写作一个字母，如 Zahl（tsahl），只用一个 z。然而，这些贫乏的语音材料由于每个字都带有所谓声调而变得丰富了，这种特殊的乐调构成了字词不可缺少的一部分，与元音和辅音一样重要。北京话有四个这样的声调：阴平、阳平、上声和去声。不过在言语流中，乐调只在重读的词上才是明显的，而在非重读的词上则是“中性”调。对于瑞典人来说，这种乐音现象丝毫不足为怪，因为瑞典语的 búren（笼）和 bùren（负担），gíftet（毒）和 gìftet（婚姻）就区别于两个相似的“声调”。正如瑞典人不能说“未 gíftet 的儿子”（用“毒”来代替 gìftet“婚姻”）一样，中国人也不能混淆 zhu^1（猪）、zhu^2（竹）、zhu^3（主）和 zhu^4（住）。

这种初步而基本的说明是为以后的解释作必要的准备，在此之后，我们要离开目前主要的论述对象，开始走上一条全新的道路，其中有些问题回头再说，我们现在来讨论次要的现象，也就是讨论汉语的有形载体，即文字。

二　文字

对于我们这些习惯于字母拼写的人来说，写字就是分析发音并把一串音记录下来，每个音都有它自己的符号，如 s-c-r-i-p-t，用六个符号，这显得非常自然，简直是一看就懂。这条原则以及作为其基础的全部深奥的分析确实是许多聪明人研究的结果，是人类头脑最伟大的发明之一。这条原则特别适用于我们的西方语言。由于单词根据其在句中的作用而发生屈折变化，那么从实践的立场出发，就有必要把这些变化记录在文字里，如 man：men[人，单数：复数]、mouse：mice[鼠，单数：复数]。可是汉语都是很短的不变的单音节，这种方法就不是非用不可了。一个*ȵĭĕn(*ren*，人)字的意思可以是 man[人]、the man[这人]、men[人们]、the men[这些人们]、man's[人的]、the men's[这些人们的]，等等。因为它总是不变的短音节*ȵĭĕn，所以最简单最吸引人的方法就是为整个字造一个单一不变的符号：用两条腿前进的“λ”，现代字形写法稍有变化：“人”。情况就是这样。因此，最初阶段的汉字就不是表音的，不分析词中不同成素的发音，而是表意的象形文字，即一个符号标示整个词的意义而不标示读音。汉语的字形导致了这条原则。上章给出的句子里还有另外几个例字也是用这种简单的象形符号标示的。有个*ĭĕt(*yi*)，简洁地写作“一”，与它形成对照的有* ȵĭər(*er*,写作“二”)和* səm(*san*,用“三”来标示)。另外还有* k'u(*kou*)字,古代写作“ᗜ”,现代形式是“口”;* miər(*mi*),“米”,现在作“米”,标明了穗上的稻粒。“門”(现在作“門”)* mwən(现在读 *men*),画得极像。我们发现,基督诞生前一千多年所创造的古汉字与现代汉字之间存在着某种区别,可是我们还看到,这种区别仅仅是字体书法上的修改,而大体上说,象形造字的方法则是完全一致的,多少年来一直未变。

这种纯粹的图画文字并不是汉语独有的,在一些别的古代语言中也有相似的创造,它显然不可能满足长期的需要。它只适用于像“人”、“口”、“米”这样的具体词,以及像“一”这样个别的抽象词,可是对于语言中的多数词来说,这种方法就不适用了。因此,人们就朝着各个方向进行了新的尝试,这里我们就涉及了汉字的特殊性质。下一步——仍然是为整个词造一个字,只考虑字义而不管字音——是把两个或更多现有的简单书写单位合成一个新的单位。有一个象形字“宀”,即现代的“宀”,代表* mĭan(*mian*)这个词,还有个象形字“豕”,现在作“豕”,代表* ɕĭər(*shi*)这个词,把它们合在一起就构成了代表* kɔ(*jia*)这个词的字:“家”,屋顶下有猪——一幅画似的小场景。汉语文字系统中包含几百个这种会意的合体字。不过用长远的眼光看,这个方案也不适用,这时造字的人们就开始走上了一条危险的道路。

他们开始采用一种非常原始的表音字。由于汉语有许多短的单音节字,它也就包含了一大批同音异义词,就像英语的 sun[太阳]和 son[儿子]、two[二]和 too[也]、born[生]和 borne[负担]那样。于是有一个词，今天读 *lai*，古代读 * ləg，它的意思是“来”，同时还有另一个 * ləg（*lai*），意思是“麦”，写作象形字“”（现在作“来”）。因为不容易画出抽象的 * ləg（来），所以 * ləg（麦）这个书写单位就被借用来表示“来”，为了表示 * gĭwaŋ ləg（王来）这个句子，人们写“王麦”。聪明的读者很容易懂得这里的 * ləg（麦）是表示 * ləg（来）的书写单位。但是，由于像 * ləg（麦）和 * ləg（来）这样成对的绝对同音词其实际数量并不很多，所以造字的人们进而采取了一种鲁莽的办法。有大量这样的情况：两个词的发音虽然不完全相同，但却非常相似，比如有 * kĭəg（簸箕）和 * g'ĭəg（他的），于是，运用刚才描述的假借法，* kĭəg（簸箕）的书写单位就被借以表示相近的读音 * g'ĭəg（他的），因为前者很容易画出来：“”（现代作“其”），而后者是抽象的，不容易表示。所以，如果要写 * ṣat g'ĭəg gĭwaŋ（杀其王 = 杀他的王），他们就写 * ṣat kĭəg gĭwaŋ（杀箕王 = 杀簸箕王），他们相信读者会从上下文中懂得，这里的象形字“其”的意思不是 * kĭəg（簸箕），而是假借作音近的 * g'ĭəg（他的）。

在这类情况下，上下文的联系直截了当地揭示出了假借的汉字，这个方法既聪明又实用，但却是一条行之危险的道路。这种假借情况如果为数不多，当然不会造成什么大乱子；可是假定有几百个假借字，那么在实践中就会导致极端的混乱，使人难以确定句中的书写符号究竟是什么意思：它们是用的本义、实义呢，还是作为语音假借来代替别的什么字？结果是，人们在相当早的阶段就不得不对这种假借方法加以改进和进一步地阐明。我们借以了解汉字体系的一个最古的时期是在公元前 13 世纪至公元前 10 世纪之间，关于这个阶段我们得到了刻在兽骨和龟甲上的简短的卜辞，并发现其中用了一种改良的方法。这是一种巧妙的方法。我们刚才阐明了一种将两个现有的独体字合成一个新字的造字法，比如"家"* kɔ(屋顶下有猪)，其中的两个成分都有助于表示意义，这是个合体的会意字。但是现在，写字人却用另一种方式来结合两个简单的书写符号。例如有一个简单的书写符号""，读作* ɕĭʊg，意思是"手"(画的是一只手，五个手指)；我们还讨论过一个古读为* k'u的"口"字；现在又有另一个字：* k'u(扣击)，这后一个字怎么写呢？正如* ləg(麦)假借作* ləg(来)一样，* k'u(口)也假借作* k'u(扣击)，但为了防止混淆和误解，就又加上了一个"手"(五个手指)，以便清楚地指出所要说的词是用手来做的* k'u(扣击)：""(现在作"扣")，而不是* k'u(口)。通过这种方式得到了一种新的字，一种由表音的声旁* k'u(口)和表意的形旁(手)组成的合体字。换句话说，"扣"字表示一个声音像* k'u(口)而意义与手有关的词，显然是* k'u(扣击)。

于是，一种高明的方法被设计出来了，它对于具有大量音同或音近的短小单音节词的汉语来说是极为适宜的。把现有的书写符号成对地结合起来，其中一个表音，另一个表意，用这种方法实际上可以设计出无限多的新字。根据这项原则，把简单的书写符号作为材料成对地结合起来，这种结构方式可以容易而迅速地表示任何一个本身难以画出的词。很快，成百上千个这种形声合体字就被相继造了出来，事实上，百分之九十的汉字都是根据这项原则构成的。

的确，事实证明这种方法太容易了。它导致人们任意地造出了许多不必要的字，即已有合适的形体来表示的异体字。最大的汉语字典包括了四万多个不同的字，这看来有些吓人，但实际上事情却不至于这么糟糕。

计算表明：首先，在延续了三千多年的中国文学作品中经常通用的汉字只有六七千个；其次，学会大约四千个汉字就足够用了；再次，要阅读现代的书报杂志，人们只需致力于掌握两三千字就行了。西方人也许要问："那么，这不就够糟糕了吗？"欧洲孩子学字母表，只要学二十来个符号，而中国孩子却不得不学会辨认、分析和书写至少两千个不同的字词符号，倒霉的孩子！然而经验表明，困难并没有严重到那个程度。正由于在迷茫中有某种理据，所以学起来相当容易。一旦你学会了几百个简单的书写符号，即基本材料，那就只是个拼字的问题了。"手"和"口"两个成素结合起来就造成了"扣"字，等等，孩子很容易记住，即使是西方的成年人，根据这种简单合理的方法也能在一年之内学会两千个左右的汉字。

许多欧洲人想象，使得学习中国的语言和文学变得极端困难的乃是汉字的字形，但事实绝非如此。认字不易，的确要花时间去学，但这还不算困难，困难将出现在另一方面，我们马上就来讨论。

上古时代形成的字形有四个演化阶段，首先是简单的象形字，然后是会意的合体字，然后是语音假借字，最后是改良的语音假借，即形声合体字。这个系统对于那时的语言是实用和有效的，但它的特性随着时间的流逝而导致了极为稀奇的后果。语言绝不是一成不变的，语音经历了不断的变化，几个世纪过后，字音往往变得不可辨认了。在拼音文字中，字形当然能够与语音演化的步调一致，再现语言的音变。当盎格鲁撒克逊词 weg[路]后来失落了尾音-g

的时候，这一音变就反映在拼写的变化里了，即英语的 way。这样修改字的拼写法以对应音变，在汉语中是不可能的，因为汉语字符的写法早已彻底固定，不能改变了。在公元前一千多年时，表示“人”的符号写作“人”，读作 * ȵĭěn——怎样知道的这个读法，我们以后再解释——在大约公元 500 年时这个词读作 * ȵʑĭěn，但字还是那样写——两条前进的腿。现在北京话读作 *ren*（*r* 读如法语 jeu 中的 j，*e* 读如德语 Knabe 中的 e），但仍然写作同样的两条腿。换句话说，读音的变化在字形上根本反映不出来，字形基本上是不变的。这当然也适用于会意合体字“家”，在公元前的一段时期里它读 * kɔ，带一个像英语 call 中那样的开 o 音，在公元 500 年它读 ka，在 17 世纪它读 kia，在现在的北京话里它又念 *jia*——但写法仍然没动，多少年来还是“屋顶下有猪”。汉字并没有告诉把它读作 *jia* 的现代北京人，它的读音在古代最初是 * kɔ，后来是 ka，再后来是 kia。

那么，在大量的形声合体字那里又发生了什么呢？恰好也是同样的现象。当古代造出“扣”字的时候，它读作 * k'u，这个字用“口” * k'u 来做声符相当合适。因为两个同音字必然要一道经历语言的发展，它们必须依照固定的法则发生完全相同的变化，所以 * k'u“扣”和 * k'u“口”这两个词也就经历了同样的音变。现在这两个字在北京话里都读 *kou*，在广州话里都读 k'au。

因而即使不知道它在造字时代是否读 * k'u，“扣”字仍然有效而易学。北京的小学生很容易看出，“扣”*kou* 从“口”*kou* 得声，虽然他对这两个字的古代读音 * k'u 一无所知，但这并不会给他造成麻烦，在此范围里一切顺利。但正如我们所看到的那样，麻烦的是古汉语使用假借法时，也就是造形声字时，并不需要绝对同音，而是往往仅满足于音近，例如* kĭəg“簸箕”借以表示* g'ĭəg“他的”。这被证明是不幸的，因为在古汉语中这两个字的读音并不绝对一样，而仅仅是相近，所以它们就不一定在古今一系列的音变中保持一致。的确，有时它们还会多少有些相似，在这种情况下合体字仍然相当有效。比如“问”* mĭwən 的声旁是“门”* mwən，形旁是“口”，在现代官话中“门”读 *men*，“问”读 *wen*，而用现代的眼光来看，并不难体会并记住“门”*men* 是“问”*wen* 的声旁。可是在其他情况下，发音的渐变使它们呈现了不同的样子，于是这就糟糕了。让我们略举几个例子。有个* tɑ 字（ɑ 是个又深又开的 a，如法语 pâte 中的 â），现在念 *duo*（像 door 中的 o 音），意思是“大量”，写作“多”，最初画的是两块肉，所以是“食物的供应很丰富”。另外还有个* tj'ĭa（奢华），因为* tɑ 和* tj'ĭa 在读音上有些相似，于是就造出了一个“侈”字来表示* tj'ĭa（奢华），“侈”字的左边由形旁“人”构成，右边由声旁* tɑ（多）构成。用上古汉语的眼光看，这是个很好的合体字；可是上古的* tɑ 发展成了现代的 *duo*，而* tj'ĭa 先是变为* tj'ĭe（公元 600 年），后来在现代又变为 *chi*。现代的北京孩子要懂得“侈”字由形旁“人”和声旁“多”组成，这似乎就不可思议了。再举一个例子。表示上古汉语* dj'ĭok（勺子）的书写符号“勺”（现在的写法）最初画的是勺子里有一滴水；另外，符号“白”的意思是“白色”，这个字如何解说我们不准备讨论了。同时还有另一个字，* tiok，意思是“光亮”，人们相当聪明地为它造了个合体字“的”，字的左半部“白”表意，而* dj'ĭok（勺）概略地表音（声旁）。

这在古代是相当好的，可是当音变开始时，情况就大大走入歧途了。* tiok（的）在大约公元600年的时候碰巧变成了tiek，几个世纪后又变成了tik，在现代官话里是*de*。可是* dj'ĭok（勺）却先变成* ʑĭak（公元600年），后来是ɕak，在现代北京话里是*shao*。那么，当今的学生怎么可能懂得"的"*de*（光亮）的读音是由声旁"勺"*shao*来表示的呢？这简直荒唐。

这样我们就能体会到，带有音近声旁的古汉语表音合体字在造字时代无疑是相当巧妙而实用的，但是由于语音在几千年的进程中产生了变化，所以它们现在已经是难以理解了，因为最初相近而不完全相同的字音已经变得差距很大了。结果是在学习字形的时候，现代中国人往往从字音上找不到任何有益的、能帮助记忆的办法。他必须相当机械地记住甲字所表示的词它读作什么、当什么讲、这个字由乙和丙两个成分组成，即使这看上去似乎是毫无意义而不可理喻的。

有人也许要问：当学生们学认字的时候，让他们知道词的古音不是很有帮助吗？这样他们就会懂得，虽然在现代口语中* *ta*读*duo*而* tj'ĭa读*chi*，* dj'ĭok读*shao*而* tiok读*de*，但是* *ta*知有理由用作* tj'ĭa的声旁，而* dj'ĭok也有理由用作* tiok的声旁。的确是这样，这准会有帮助的，将来也许会这样组织学校教学，但是现在还不可能，因为中国人直到最近才知道词在古代的读法。非拼音的文字当然不能表现读音，我们现在能得知汉字在几千年前的古读，是由于现代学者们通过广泛而成系统的语言学考证，已经弄清楚了古汉语的实际音读问题。他们是怎样着手这一工作的，这我们以后再谈。然而事实是,大多数中国的学者甚至在现代还对上古字音一无所知,因而也没有能够掌握确切理解上百个合体字结构的诀窍。

这一事实最终造成了独一无二的中国文学状况。中国有悠久的文学遗产,这是远自公元前一千年前经过了多少年代延续发展下来的,这些文学作品都是用我们叙述过其原则的那种文字写成的。现代中国人能够阅读和理解古代典籍,正是因为其中的文字与今天所使用的一样。他能从中发现"人"、"口"、"来"、"多"、"家"等字,他能认出这些字,并把它们连起来,得出包含在古代典籍中的意义,但对于这些字在成书时代的读法他们却一无所知。由于缺乏更好的方法,所以他是用现代语音来读每一个符号的。偶尔也碰见几个现已不用的怪字,这时他总可以利用古代的字典得知甲字读如熟知的乙字,以及它的意思是什么。

简要说来,虽然所有的古代文学作品绝非个个易读,但它们还算是明白可懂的,只不过每个现代读者都用他自己的现代读音来念古书。这样一来,他就不能给出古代典籍写作时代的正确读法,而应该说他仅仅给出了现代的字音。汉语有大量的方言,在这些方言中,古汉语的词通过彼此迥异的道路发展着,因此我们发现,尽管广州人和北京人用完全不同的方式朗诵古书,可是他们同样都能理解古书的内容。在大约公元前500年间的《论语》里,我们找到这样一个句子:"子曰:我未见好仁者、恶不仁者。"这里我们给出这句话在孔子、现代北京人和广州人口中的读音:

	子	曰	我	未	见	好
孔　子：	*tsĭəg	gĭwăt	ŋɑ	mĭwəd	kian	xʊg
北京人：	*zi*	*yue*	*wo*	*wei*	*jian*	*hao*
广州人：	tsɿ	yt	ŋo	mei	kin	hou
	仁	者	恶	不	仁	者。
	ȵĭĕn	tjĭɔ	ʔɑg	pwət	ȵĭĕn	tjĭɔ
	ren	*zhe*	*wu*	*bu*	*ren*	*zhe*
	jan	tʃɛ	wu	pat	jan	tʃɛ

中国人早先没能构拟出他们自己的古代语言的音韵系统，这似乎有些难以理解，事实上他们在 17 世纪和 19 世纪之间作了一些相当值得佩服的尝试，但由于缺乏足够详密的语言学方法，所以妨碍了他们得出有效的结论。另一方面，他们对字形历史的考证成绩就好得多了。字形发展的各个阶段已经被大体正确地标示了出来，古文字学很早就成了一个吸引许多学者的学科。前面说过，人们认识的最早的汉字是在公元前 13 世纪到公元前 10 世纪的卜辞铭文中，但这一点只是在最近 50 年才揭示出来的。以前的字形史研究首先是建立在其他材料的基础之上的。周朝（公元前 1027—公元前 256 年）是具有比较详细资料的最古的中国王朝，它有着一套相当发达的宗教迷信祭祀体系。由于要在华丽的宗庙里给祖先献祭，人们就把各种各样精美的青铜器用于祭仪。青铜器一般都有铭文，有的还相当长，甚至有几百字之多。还有一些更早期的铜器，即公元前 2000 年时的铜器，上面也有铭文，然而这些铭文一般都很短，常常只不过是几个符号，其中许多与我们在周朝铜器上碰到的相同。

书写符号在早期阶段仍然很明显是图画，形式转换多种多样。这种有点难看的字形在大约公元前 200 年时的所谓“小篆”中得到了改革和规范化，而小篆在此后不久又由于毛笔的推广使用而被稍稍地修改了，可这种修改仅仅是书法上的。小篆从那时起就一直保持未变，甚至到我们今天也还如此。第一个伟大的文字学家是博学的许慎，他在公元 100 年写成了他的字典《说文解字》，在这部字典里，他系统地整理了大批篆字形体，并解释了它们的本原。古代最初的字形常常很容易辨认，即使在简化了的篆字中也容易辨认，在这样的情况下，许慎的解释是相当正确而令人满意的。然而在很多时候，篆字化简并讹变了原来的形体，甚至到了丧失字的原形和本义的地步，对这些字许慎则往往会作出最牵强的解释。到了公元 11 世纪的宋代，中国人里出现了一批热心的古物收藏家，这时文字学才成了一门兴盛的科学。周朝的古青铜器从地下被挖出，人们摹画出了铜器的外形，并摹写刊行了上面的铭文。那时已有大规模的皇家编目发表，上面带有这些铜器和铭文的大量拓片。在 19 世纪初以来的 150 年间，大批民间学者和收藏家汇集了珍藏的殷周铜器，并研究了上面的铭文。比起作为许慎字形解说基础的简化篆字来，这种新增加的材料要古老和原始得多，它使人们能够纠正和修改许慎的几百例论断。这样，中国就出现了丰富的、学术性很强的文字学文献，近期西方汉学家们也参加了对这些问题的考究。略举几个例子。现代有个“首”* ɕi̯ŭg(*shou*)字，代表“头”，篆字作“”，许慎认为这画的是头顶上有头发的人脸（鼻子、嘴），也就是说，画的是一个人头。可是在大约公元前 1000 年的一段铭文里，我们找到了这个符号的原始形式：“”，这显然是一个兽头，可以推测是个鹿头，鹿头在所有的兽头中给人的印象最深刻。篆字讹误了，把许慎引入了歧途。* xək（*hei*，黑色）这个字现在写作“黑”，篆字作“[illegible]”。许慎解释说，这表现了从烟囱中冒出的火焰，所以是“烟”、“黑色”。这个解释听上去相当有理，但是在开始使用篆字之前许多世纪的上古铭文里，我们发现有“[illegible]”这个原始形式，它揭露了篆字的讹误。它是个脸上身上都有污迹的人像，可以推测画的是“黑色的条纹”。代表* t'o（*tu*，土地）的符号“土”，其现代字形与篆字相同，许慎解释说它像两层土地中长出了一棵植物。可是最早的铜器铭文有“[illegible]”这个形式，它表明篆字把原始的象形字完全搞错了，篆字把原先上面的一个疙瘩变成了一个十字形。在古代中国，土地是个神，有自己的祭坛，祭坛上用一根象征男性生殖器的木杆代表土地神，前面摆着祭神的贡品，而我们的象形字明明就是在表示这根神圣的杆了。代表* dĭo（*yu*，我）这个词的符号现在是“余”，篆字作“[illegible]”，许慎不能解释，我们不该重复他的臆断。其实这个字的解释相当简单。另外有* dĭo（*yu*，三岁治田）这个词，现在作“畬”，下面画的是一块田地（形旁），顶上我们看到有个* dĭo“余”，似乎是声旁，但这仅仅是表面现象。铭文里的最古形式是“[illegible]”，可以假定这画的是一个犁头，那么显然，这个简单的象形符号就是* dĭo（犁地）这个词的原始形式。通过同音假借，这个书写符号开始被用来代替同音词* dĭo“余”，恰如* ləg（麦）假借作* ləg（来）一样。由于这个字常常用作假借，所以在表示它的“犁地”这个原始意义时就不得不加上“田”字，以免产生误会。因此，“畬”字的上面一部分无疑不是许慎所肯定的声旁，而是原始的象形字，而下面的“田”则是后来加上去的。

我们的立论是正确的，这还可以通过一个极为近似的例子来证明。“因”字从来没有显著的形体讹变，它在公元前 2000 年时的卜辞铭文中就已经是“因”这个样子了，这个词读 * ʔĭěn（*yin*），意思是“依靠”。许慎说它“从口大”，所以是“大围栏”、“防御所依靠的安全处”。可是有个同音词是“茵” * ʔĭěn（*yin*，席子）——实际与“因”是同源词：“所依靠的、在上面休息的东西”——它表面上是由顶上的“草”（形旁，古作“艸”）和下面的声旁“因”组成的，但实际上“因”是 * ʔĭěn“茵”的初始写法，画的是一个人伸直身体躺在席子上。可是当这个简单的书写符号常用作动词的时候（依靠），就另加上了一个补充说明的形旁“草”来专门表示它的名词义“席子”。

于是我们看到，许慎有许多臆断都需要纠正，尤其是他由于不懂得汉语上古音韵而造成的大量错误更需纠正。他本人生活在公元 1 世纪，不可能了解在那以前一千年时的字音。现代语音学的研究成果在这里是非常适用的，下面几个例子就会表明这一点。

代表 *yan*（说话）这个词的符号今天写作“言”，篆字作“[illegible]”，上古作“[illegible]”。许慎这样解释：形旁是底下的“口”，顶上是声旁。上面一部分（现代写作“辛”）今天读 *xin*（苦）。上古音韵学的研究告诉我们，在大约公元前 800 年的时候，“辛”是 * sĭěn 而“言”是 * ŋĭăn，* sĭěn 绝不可能表示 * ŋĭăn 的音。而且最早的字形也表明完全不是那么回事。在公元前 400 年左右的一部古书中，“言”字的意思是“大箫”，这似乎很清楚，我们必须承认这个原始的书写符号是一张嘴在吹箫，而后来这个代表*ŋĭăn（箫）的符号被借以表示*ŋĭăn（说话）。这恰恰是同音假借，同类的例子我们已经列举过好几个了。

因此就有这样的情况：音韵史的研究打破了许多世纪以来被人们所接受的谐声说。在下面的例子中我们发现了完全相反的解释。有个“義”字，今天读 *yi*，意思是“仁义”、“公正”、“信义”，下面一部分是“我”，现在读 *wo*，上面一部分是“羊”，这最初是表示公羊的头，粗略地画作“”。很清楚，“義”字的形旁是“羊”，但“我”这个成分起什么作用呢？许慎迷惑不解了，他说这是“已之威仪也”，也就是把这个字看做合体的会意字。必须承认这未免太牵强了，然而许慎实在没有别的办法，因为在他那个时代“義”读作 ŋie 而“我”读作 ŋɑ，他不可能相信这两个音近似得足以使人把后者认作前者的声旁。可是在大约公元前 800 年的时候，“我”读作*ŋɑ 而“義”读作 ŋia，这在现在已经得到了证明，所以在*ŋia 这个合体字中，“羊”是形旁，而*ŋɑ 清清楚楚是声旁。这里我们证实了利用上古音的构拟一下子就能弄清楚舍此无法理解的汉字结构，这仅仅是一个例子，而用古音演化史阐明汉字组合的例证还有几十个。

三　音韵

事实反复证明，汉语上古字音的构拟大大有助于理解中国的语言现象，因此我们自然就需要略微描述一下古音构拟的过程。

我们已经说过，基于汉字的特质，中国人现在根本不能知道汉语上古典籍的真正读法。经过了将近三千年的音变之后，他们虽能读懂古书，但却不得不按他们现代的语音来念每一个字。不过，尽管字形帮不了任何人的忙，不能显示旧日的字音，可是通过某些语言学方法来构拟古音却是可行的。人们完全可能拟测出古代各时期的音韵系统。

有人也许要问：这一大堆古音又有什么用处呢？人们既然能够读懂古书，那么古书最初应该怎样念，这恐怕无关紧要。然而，古音构拟确实具有重大的科学意义。我们已经看到，它为汉字发展史提供了有价值的新证据。再有，大约在公元前1000年到公元前700年间的西周时代，有一部相当丰富优美而有趣的诗集，这部诗集具有高度发达的押韵系统，但要用现代字音来读，韵脚就常常是不谐和的：最初押韵的字现已不再押韵了。例如“子”、“友”、“来”古代分别读* tsĭəg、* gĭŭg、* ləg，本是同一韵部的字，但现在却读 *zi*、*you*、*lai*。换句话说，一旦我们能够构拟出古代的字音，把这些音放到古诗中，我们就能还诗篇以它们原来的美。不过好处还不限于读诗，从别的角度来看，古音构拟的价值更大。一个多世纪以来，全世界都在对各语言的语音史进行广泛的研究，人们发现，语音的变化方式在毫不相干的语系中也往往相同或相似。这就是说，在印欧语、闪语、美洲印第安语、非洲语和东亚语里都出现过同类的音变。正如英语的 all[全部]这个词改变了元音，现在读作[ɔːl]（a 变成开口 ɔ 音）那样，汉语的 tɑ（多，公元 6 世纪）也变成了官话的 *duo*（ɑ 变成 o）。又如法语的 chat[猫]失落了尾音-t，现在读[ʃa]那样，北方汉语中的 ʂat（杀，公元 6 世纪）也失落了韵尾-t，现在读 *sha*。类似这样的情况数不胜数。

结合对各语系中音变现象的考察，我们越来越接近于建立一个普通演化语音学的系统，建立音变的普遍规律，如颚化、唇化、同化，等等。这些规律在各种语言中都出现过，而这也是普通心理学的一个重要组成部分。很明显，如果能构拟出汉字在上古、中古和近古的音读，并能搞清楚这个大语种在过去约三千年间的语音史，那我们就大大地充实了作为普通心理学一个分支的普通演化语言学的内容。

问题还有历史学的一面，这从科学的立场来看同样重要。在东南亚、西藏、喜马拉雅地区、缅甸、泰国、越南和中国西南部一些地方，有着许多种族和语言。确切地说，最有趣的应是考察东亚的上古史及其部族在此地逐渐发展的详情，寻找这些不同文化区域之间的历史亲缘关系，以及测定导致当前状况的民族迁徙和文化传播过程。语言科学在这里是主要工具之一。这些民族中哪些有语言亲缘关系，哪些没有，这是东亚居民史研究的焦点。很清楚，字音随着时间的流逝而不断变化，如果人们仅知道自己顺口念出的现代字音，那么证明两种语言之间亲属关系的机会显然就少得可怜了。最初亲缘很近的两种语言也许已经变得疏远，甚至会使人看不出它们实际是一回事了。我们有理由相信，藏语和泰语都同汉语有亲属关系，但是在这两种语言中，足以证明这种亲缘关系的现代汉语对应词实在微乎其微。这三种语言各自沿不同道路发展的时间太长，因而产生了极大的分歧。在这种情况下，最重要的显然是应该掌握语言还没有形成这样大分歧时的古代读音。“三”这个词在藏语中是 gsum，在现代北京话中是 *san*，二者之间简直毫无相似之处，可是我们一旦能证明“三”在上古汉语中读* səm，那就能相当清楚地看出它近似于藏语的 gsum。“蓝”在北京话中是 *lan*，在泰语中是 khram，它们的相似之处太微不足道了，以至人们简直不敢猜测它们会是同一个词。可是我们一旦看到，泰语的这个词在 12 世纪是 gram，后来才逐渐变成了 khram，而这个汉语词在公元前是* glɑm，它先是发展为 lam，后来又成了现代的 *lan*，那么我们马上就有可靠的根据了。具有“蓝草”这样又特殊又清楚的意义的词，在中古泰语中读作 gram，在上古汉语中读作* glɑm，肯定是同一个词。像这样的一大批例子将为我们奠定一个基础，在这个基础上我们可以尝试着证明汉语、藏语和泰语是关系很近的语言，并揭示讲这些语言的民族之间的早期历史亲缘。因此，对于普通历史学和文化史学来说，中古和上古汉语音韵的构拟也是十分必要的。

而我们该怎样着手进行构拟呢？有时字形根本帮不上我们什么忙，另外，通假字也几乎靠不上，这时怎样才能构拟出字词的古代读音呢？说来话长了。为了得到确实而详尽的结论，需要很多年的广泛考察，有时还需要用特殊而繁复的方法。这里我们只举个别的几个例子，以便描绘出我们此前沿以前进的道路。

汉语有许多方言,彼此之间分歧很大,比不列颠诸岛所讲的几种英语方言的分歧大得多。在中国的南部沿海有一系列方言,它们不同于北京话,正如意大利语不同于西班牙语一样,有的甚至差得更远。另外,许多方言彼此之间也有差异,这差异几乎与它们同北京话的差异一样大。通过一些好的字典可以很清楚地了解这些方言。扬子江以北的中国北方大片地区和中国南方相当大的地区都讲一种方言,即官话,这固然显得比较一致,可是比起英国南部诸方言来,官话各个次方言间的区别也还是大得多。我在青年时代曾广泛地游历了北方几省——山西(这个省有许多相当保守的土语)、甘肃、陕西和河南——目的是考察二十多种分歧很大的官话方言。继此之后,我希望能系统地综合整理我那些丰富的材料,想要建立这些官话与背离很远的南方沿海方言之间的亲缘关系。这时我很快就发现,假如不能在汉语的较早阶段,即分离出这种种方言的古代语言里找到一个出发点,找到一个系统分类的基础,那么就会一事无成。清代一批语文学大师已经对汉语历史音韵进行了重要的研究,但是他们缺乏一套能用以从语音学角度分析汉语声韵类的拼音字母,这就妨碍了他们得出满意的结论。因而我为自己规定了这样一项任务,要继续探究这些大儒首创的研究工作,并用现代西方语言学的方法审视他们所归纳的材料,以便构拟出某一阶段的古汉语音系,而这个阶段要古得足以成为我研究现代方言的必要基础。

试图根据一系列派生出的差别很大的方言来构拟某个较早阶段的语言,这本身丝毫不足为怪,它毕竟是一个多世纪以来比较语言科学一直致力研究的题目——根据派生出的各种各样的印欧语言来构拟它们的母语。构拟的方法很久以前就完备了，并被应用于许多语言研究领域，但是我没有仅仅满足于这种方法，因为它不能解决我所要解决的全部问题。事实上，这样仅仅以一系列子语中的现存状况为基础来构拟一种语言，永远至多只能得到一个极不完美的近似值。母语的哪些成分可以从子语中发现，而哪些成分则在所有的子语中都完全失落了，这纯粹是偶然的事。子语的数量越多，相互差得越远，那么完美地构拟母语的可能性也就越大。可是我们应该确信，在每一步构拟的尝试中总会有相当数量的母语现象是永远揭示不出来的。把现代日耳曼诸语言中所有代表“石头”的词结合起来——德语的 Stein、冰岛语的 steinn、瑞典语的 sten、英语的 stone，等等——我们绝不能断定在最古的日耳曼语里它是 staina-，而这是我们现在通过其他材料才偶然知道的。无论人们怎样热心而周密地研究罗曼语言，比较法语、葡萄牙语、西班牙语、雷蒂亚—罗曼语、意大利语和罗马尼亚语，最多只能构拟出派生所有这些语言的俗拉丁语的最粗略的轮廓。幸好我们还能从文字资料上了解俗拉丁语，否则这样的构拟就要失之千里了。通过这样的途径我清楚地了解到，即使有百十种分歧很大的汉语方言为依据，也只能引导我得出早期汉语的非常粗略的构拟——除非我能吸收其他类型的材料，幸好这类材料还可以收集到。

事实上，中国人在很早以前就已经对汉语音韵感兴趣了，只不过完全是出自实用的目的，他们需要有按实用方法排列的字典。当时有许多读音相同的字——有好几个 kan 和好几个 k'an，等等——还有更多读音相近的字，像 kan、k'an、xan、ʔan、tan、t'an、 nan、tsan、lan，等等，因而，不根据这些字的声母，而根据韵母来排列它们，比如把这些字归入-an 韵，这就是相当合理的。人们把字音分析到这样的程度：一个单音节分割成两部分，声母，即第一个辅音，以及韵母，即音节的所有剩余部分。于是，kan 被分割成k+an，tuŋ 被分割成 t+uŋ，lĭɛn 被分割成 l+ĭɛn，等等。首先根据字的声调，即乐调重音：平、上、去、入（如 kat，这被看做是与 kan 相配的入声），人们把字分为四类，在每一个调类中再把字按韵排列，这样总共就得到了 206 个韵。在每一个韵中再把字按声母排列，例如首先是所有的 kan，其次是所有的 k'an，然后是所有的 xan，等等，这样就有 36 个声母反复出现在不同的韵里。这就是《切韵》排列的原则，这部字典问世于约 1350 年前，即公元 601 年，在其中我得到了非常宝贵的材料。当然，在我面前的这份材料曾是个未知的领域，因为这些韵母并不是用表音文字（拼音字母）记录下来的，而完全用的是汉字，对它们的读音我恰是一无所知。声母也是如此，它们都是大量的未知数，而不是具体实在的音值。但是，《切韵》仍不失为一份极为丰富的资料，因为多亏了它，我才有了按 6 世纪声韵分类的全部字音素材，可以说，有了个骨架。我明确地知道，这 40 个字都具有某个韵母，即它们彼此押韵；另外也知道那 210 个字都具有某个声母，而不管后来在现代方言中产生了多大的分歧。尽管我事先不知道这些声母和韵母该怎样读，但我却知道有哪些字带有这些声母和韵母。这样我就可以观察到，像北京话的“今”、“针”和“禀”这些字虽然现在根本不押韵，但它们在 6 世纪却具有相同的韵母，那时它们确实押韵。与此相似，“月”和“伐”

那时只是声母不同，而它们的韵母则是一样的。"得"、"北"和"墨"具有相同的主元音和收尾辅音，即使彻底调查了这三个字在所有现代汉语方言中的各种读法，也不能看出这个重要的现象。简单说，我得到了一套有 206 个韵母和 36 个声母的奇妙骨架，纵然它只不过包含了许多未知的音值，但我却有了一个固定的基点。这时我就可以求助于无数的方言，并试图在这些方言的帮助下去考察所有这些未知数所实际代表的中古音。

构拟的步骤在某些情况下进行得相当顺利。《切韵》中有三组声母经常出现，例如：

	x	y	z
北京	tan	t'an	t'an
广州	tan	t'an	t'an
福州	taŋ	t'aŋ	taŋ
上海	tɛ	t'ɛ	dɛ

	x^1	y^1	z^1
北京	tsan	ts'an	ts'an
广州	tsan	ts'an	ts'an
福州	tɕaŋ	tɕ'aŋ	tɕaŋ
上海	tsɛ	ts'ɛ	dzɛ

	x^2	y^2	z^2
北京	pan	p'an	p'an
广州	pun	p'un	p'un
福州	puaŋ	p'uaŋ	puaŋ
上海	pe	p'e	be

我们看到前两栏很简单，在所有的方言中，x、x^1 和 x^2 都是不送气的清音：t、ts、p（尽管不送气的 ts 在福州话里变为相应的不送气的 tɕ），y、y^1 和 y^2 在各处都是相应的送气音：t'、ts'、p'（ts' 在福州话里同样变为 tɕ'）；可是第三栏（z、z^1、z^2）就复杂多了：它在北京话和广州话里是送气的 t'、ts'、p'，恰与第二栏相同，而在福州话里却一律是不送气的 t、tɕ、p，恰与第一栏相同。就此范围说来，这是最讨厌的，因为古代的《切韵》把这些字分出来列到第三类，所以这表明这类字的中古声母与第一类和第二类的字不同。幸亏上海方言救了我们，这个方言在第三栏里一律是浊声母 d、dz、b，与其他两栏的 t、ts、p 和 t'、ts'、p' 形成了对立。这使我们领悟到，由于上海话具有与古字典完全相同的声类区别，所以它是唯一正确反映了中古音的现代方言。由此我们发现，在 6 世纪的语言里，列在第一栏的全部几百个字都有 t、ts、p 这些声母，第二栏的全部字都有送气的 t'、ts'、p'，最后，第三栏的全部字都有浊声母 d、dz、b，正如上海话里的那些字一样。确切点说，它们事实上是带送气的浊音 d'、dz'、b'。我们可以看到，现代方言完好地保留了第一栏和第二栏的中古音系，而在大多数方言中，第三栏的状况却发展得与最初相距很远了。北京话和广州话保留了送气，却失落了浊音性质：d' 变成 t'，dz' 变成 ts'，b' 变成 p'。福州话的浊音和送气都消失了，d' 变成 t，dz' 先变成 ts 再变成 tɕ，b' 变成 p。

通过这个例子，我们看到了结合古代的《切韵》和现代方言来构拟大批汉字的声母是怎样成为可能的——《切韵》归入这几类的字事实上有几百个。可是在别的情况下就不那么简单了，这两方面的材料有时是不够的。然而我们十分幸运地得到了另外一些异样的旁证材料。恰恰是在6世纪到9世纪间的这段时期，中国文化像巨浪一般传遍了整个东亚细亚：传到了朝鲜、日本和越南。人们热心地研究中国文学作品，成千个汉字被借到朝鲜话、日本话和越南话里，正如拉丁词被借到欧洲语言里一样，只不过规模要大得多。可以说，实际上每一个通行的汉字都可能在日语中以借字的形式存在。这些在6世纪到9世纪间输入的汉字当然也带来了它们旧日的音读，而现在随着时间的流逝，这些字在这三个域外的国家常常改变了原来的发音。不过，这些逐渐的音变还不至于那样彻底，我们还可以分辨出这些字最初借到外语中时是怎样读的。可是却绝不能设想，人们只需简单地求助于日本译音就可以读出汉字在公元600年前后的发音。在语言融合的过程中，这些字音常常被简化，以适合日语的语音体系。像tsĭɛm(尖)这个汉字最初转读作sen，因为日本人在字首不会读ts，在字中不会读双元音ĭɛ，在字尾不会读m。于是，他们把ts改成了s，把ĭɛ改成了e，把m改成了n，以求给这个字以真正日本式的语音外貌。可是无论如何，这一大批借字材料还是极为宝贵的，我们马上就能看到这一点。

另一方面，恰好也是在这几个世纪里——大致是从5世纪到9世纪——大量的印度佛教文献传入了中国，并被译成了汉语。有几千个印度的人名和专门术语不能采用意译，而只能采用音译，即用汉字来转写它们的读音。尽管这种译音的方式是粗略而笨拙的，但梵语和印度俗语词的汉译却以一种特殊的方式显现了译音汉字在古时中国的实际读音。略举几个例子。

	歌	河	多	罗
广州	ko	ho	to	lo
福州	kɔ	hɔ	tɔ	lɔ
上海	ku	u	tu	lu
兴县	kə	hə	tə	lə
北京	kə	hə	to	lo
开封	kɯ	hɯ	to	lo
凤台	kɯă	hɯă	to	lo
朝鲜	ka	ha	ta	na
日本	ka	ka	ta	ra
越南	ka	ha	da	la

《切韵》的一个韵下面有这样一组字——带有各种声母的字，由于每个韵至少包含十几个在汉语中最常用的字，所以这些字在公元 6 世纪的《切韵》语言里韵母相同。

乍一看这张表简直混乱不堪。广州话从头到尾都是 o(大致像德语的 so)，福州话从头到尾都是较开的 ɔ，上海话是 u，兴县话是 ə，而北京话在舌根音后面是 ə，在舌尖音后面是 o，其他官话方言也同样地分为两个次韵类，当然，在舌根音后面是别的更奇特的元音:像俄语 ты 或 ыă 里那样的 ы[ɯ]。的确，要仅仅根据汉语方言来得出中古音的确切结论是不可能的。事实证明，在这 4 亿 5 千万人当中没有一个人保留这组字的中古音读。这个《切韵》韵部所有字的实际中古音是 ɑ(如英语 father 中的 a)。域外方言证明事实确实如此，这三种方言我们可以称之为“日本译音”、“朝鲜译音”和“越南译音”。一千多年前，这些汉语词作为借词被这三种语言吸收了，在这三个国家里，上述几个字被转读成了 ka、ta，等等。

每个借词的输入途径互不相干，而三个国家都转读成-a，这当然就揭示出它们在《切韵》中都读-a：kɑ、tɑ，等等。

我们发现：正如英语的 all 变成了[ɔːl]那样，福州话和广州话的 kɑ 也变成了 kɔ、ko 等音；在上海，唇化作用继续进行，造成了一种十足的圆唇音 ku，等等；而在其他方言中，例如北京话中，ko 变成了 kə，这个音有时随着舌根的进一步抬高，变成了 kɯ。假使我们怀疑中古域外方言的证据，那么我们只需求助于佛教翻译就能证实这一点。比如我们在一部经典中发现，公元 400 年时的中国旅行家法显在游历锡兰的时候来到了一座大庙，庙名用五个汉字表示，现在北京话读作 *mo-he-pi-he-luo*，这是 Mahā-vihāra（大庙）的译音。我们看到，这个梵语词中所有的 a 元音，ma、hā、ra，恰恰都是用我们所讨论的韵部之内的字来翻译的，用的是现代北京话的 ə 和 o。如果把我们构拟的中古音 ɑ 插入这一韵部，那么我们就得到了 mɑ-xɑ-bj'i-xɑ-lɑ[摩诃毗诃罗]，这是梵语词 Mahā-vihāra 的极好的翻版。

结合这些材料有时会迫使我们得出极为意想不到的结论。有个“耳”字，呈现出了极端混乱的状况。

我们看到，这个字在几乎所有的官话方言中都以 r 收尾：ər、ar、ɛr、r，最后一个音只是个 r，前后都没有元音：

北京	ər	广州	i
太原	ar	客家	ȵi
兰州	ɛr	福州	ŋi
四川	r	上海	ȵi

凤台　ʐʅ　　日本　ni，zi

　　　　　　越南　ȵi

（这里的 ȵi 表示颚音的 n：nʲi）

我们发现，这个字所在的韵包含一长串在现代官话中收 i 的字：*zhi*、*chi*、*xi*、*ni*、*li*，等等。汉语南方方言也意外地证实了这一点，“耳”字在广州话里是 i，在客家话和上海话里是 ȵi，在福州话里是 ŋi。汉语北方话的 ər 和南方话的 ȵi 等音怎么可能是同一个字呢？它们是从怎样一种中古汉语形式中派生而来的呢？越南语吸收的这个字是 ȵi，日语吸收了两次，先是来自中国东南部的 ni，稍晚一些是来自中国北部的 zi（z 读如 zero 中的 z）。正是最后这个音为我们提供了线索，因为它显示了与罕见的凤台官话方言 ʐʅ 之间的联系。最初的 ȵi（nʲi）在中国北部的中古方言中（约公元 500 年到 600 年）引出了一个寄生的擦音 ȵʑi，而这个擦音吞没了最初的 ȵ，所以不久之后就只剩下了 ʑi，这个音就是日语 zi 的起源。软音（颚化音）ʑi 后来引出了一个较硬的、像法语 jour 中那样的[ʒ]音，而其后的元音也变成了钝音，ʐʅ，我们现在在凤台还能发现它。这个元音逐渐被 ʐ 吞没了，它先是自成音节，即没有前后的元音而独自成立，不久就又引出了一个寄生的垫音 ᵊʐ，这个音又变成了 ər（ar、ɛr）。古代的 ȵi 能变成北京的 *er*，这似乎有些异想天开，但是我们以后还要回来讨论这个字，那时我们就会发现，在上古汉语里，也就是在它读作 ȵi 的大约 1200 年前，它的形式又是全然不同的，这个字在最早时代所经历的音变更要使人大吃一惊。

幸亏有这些各种各样的材料，我们才可能构拟出公元 6 世纪的北方汉语，直至最详密的细节。假如我们只有现代方言作为推论的素材，工作就远不会这样卓有成效。但是学问永无止境，一个学者刚达到一个目标，马上就会开始寻求另一个。如果能在时间上返回到两千多年前的远古，返回到伟大的中国文学诞生的时代，那真是太吸引人了。有什么办法能做到这一点呢？

首先应该看到，从现代方言那里我们再得不到什么帮助了。我们有理由相信，《切韵》整理的公元 6 世纪的中国北方口语在唐代传遍了当时中国的大部分地区，它取代了其他中古方言，成了语言学家所称的"共通语"，即标准汉语。有些学者被《切韵序》中的某些话引入了歧途，怀疑这部集体编纂的韵书是一个涉及不同方言的人造折中物。这真是荒谬之极。几乎所有分歧很大的现代方言都可以从《切韵》语言中系统而合乎逻辑地分别推演出来，这一事实就证明了《切韵》的确是忠实地描述了一种单一的语言，即中国北方的语言，都城长安的语言，这种语言在 7 世纪到 10 世纪时成了一门真正的共通语。换句话说，《切韵》的声韵分类清楚表现的音韵系统事实上是一切现代方言的直接母语。只有不多几个南部沿海方言，如厦门方言和汕头方言显得特殊，不能用《切韵》语言来解释，但它们是表示了更古的音韵。就绝大部分方言而言，我们从中得不到更多的帮助，必须寻找别的材料。

我们有幸得到了两份最好的材料，清楚地显示出了同时期的上古汉语的实情。它们彼此毫不相干，因而相互验证就更有价值。我们已经提到过，在大约公元前1000年到公元前700年的这一时期有一部内容丰富的诗集。在汉语的短音节中，押韵的部分是音节的主要部分，我们首先要做的事情是确定哪些字在公元前800年时互相押韵。“公元前800年”在这里仅仅是一个近似的数字，概略地表示古诗最繁荣的时期。另一方面，我们已经看到，汉字给出了某些有价值的暗示。在大量带有表音成分的形声字中，我们显然也能得到一些证据。这里我们应该懂得，在现代汉语中完全不同音，并且在公元6世纪的《切韵》语言中也不同音的两个字，如果它们彼此之间有谐声关系，那么它们的读音在《诗经》时代就肯定相当近似，而更大量的这类同谐声的字恰恰是产生于这几个世纪，即上古诗歌繁荣的公元前10世纪初。这样，两份材料都能为大致同时期的语言提供证据，这是头等重要的素材。

我们现在要选几个例子来说明怎样利用这批材料。通过对所有上古诗歌进行细致的考察和表解，中国学者很早就粗略地建立起了上古韵部。我在进一步考证古韵系统时，首先得到了26个不同的韵部，每个韵部都包含一批可以通押的韵母。比如说第四部包含《切韵》的-ɑn、-wɑn、-an、-wan、-ĭɛn、-ĭwɛn等韵类，所有这些韵类都经常在诗歌中通押，因此很容易就能断定《切韵》的-ĭɛn和-ĭwɛn是从上古的-ĭan和-ĭwan变来的。在这类情况下，诗韵并没有表现出上古音和中古音之间的任何根本区别。可是让我们再举一个其他韵部（第二十一部）的例子，这一部以内的字彼此通押，从来不与其他部的字押韵：

	北京	广州	中古日语	公元 500 年	公元前 800 年
来	*lai*	loi	rai	lɑi	(ləg)
里	*li*	lei	ri	lji	(lĭəg)
己	*ji*	kei	ki	kji	(kĭəg)
耳	*er*	i	ni, zi	ȵʑi	(ȵĭəg)
久	*jiu*	kau	kiu	kĭəu	(kĭŭg)
得	*de*	tăk	tokŭ	tək	(tək)
息	*xi*	sik	siokŭ	sĭək	(sĭək)
福	*fu*	fuk	pukuĕ	pĭuk	(pĭŭk)

为了填补最后的公元前 800 年那一栏，我们提前使用了下文论证的结果。

“来”、“里”、“己”、“耳”、“久”、“得”、“息”、“福”这八个字在上古诗歌里都押韵，可是在现代北京话中它们却已经沿着完全不同的道路发展，根本不再押韵了。如果查阅一下中国南部的广州方言，那么这种差异或许还会更大，因为在广州话里我们看到，上述字中有一些是收元音的，如“来”、“里”、“己”、“耳”、“久”，而另一些却是收辅音-k 的（“得”、“息”、“福”），这更不能押韵了。然而我们可以断定，广州话在这里代表着比较原始的字音面貌，这些收-k 的字在最初是有-k 的，不过这个-k 在现代北京话中失落了。日语、朝鲜语、越南语里的中古借字全都有-k：例如日语是 tok(ŭ)、siok(ŭ)、puk(ŭ)，也揭示了这一点。基于这个理由，我为公元 6 世纪的汉语构拟了 tək、sĭək、pĭuk，词尾带一个-k。至于我怎样确定这些字的元音，那就说来话长了。这要反复斟酌，一步步地推敲，工作往往是极为繁复和专门的，要详细解释这一过程恐怕有些离题，我们在这里必须把叙述的题目限制在收尾辅音以内。在公元

6世纪的一大批字中出现的尾音-k,可以证明是很古就有的。“六”在现代北京话中是 *liu*,没有收尾辅音,可是在广州话中它是 luk,在古日语借词中它是 rikŭ和 rokŭ,在朝鲜语中是 niuk,等等,在《切韵》的语言(6世纪)中它是 lĭuk。相应的西藏语中的“六”是 drug,带一个舌根收尾辅音,这证明了汉语的舌根收尾辅音-k 本属于原始汉藏语,即藏语和汉语的共同母语。

如果现在再回过头来讨论古韵第二十一部,我们就有了一个牢固的起点:在公元前800年时,上表的最后三个字是有-k 韵尾的,它们是 tək、sĭək、pĭuk。前面说过,我们在这里不能阐述元音的问题。元音 ə 像英语不重读的 the,短的弱音 ŭ近似于英语 value 中的 u,tək 和 pĭuk 这两个音是允许押韵的。

可是,所有在上古诗歌中与这些收-k 的字押韵的字(来、里、己、耳、久)在任何方言中都没有留下任何辅音韵尾的痕迹,而且应该注意的是,在中古日语、朝鲜语和越南语的借字里也都一概没有(日语 rai、ri、ki、ni、kiu)。所有这些字,以及同一部的许多其他字都一律收元音,在公元6世纪时它们读作 lɑi、lji、kji、ȵʑi 和 kĭəu。如前所述,我们知道 ȵʑi(耳)在官话中变成了 *er*,那么,怎样才能解释这些字在古诗中与收-k 的字押韵这一现象呢?显然只有一个可能的解释:这些字在上古也有某种收尾辅音,只不过在公元6世纪以前很早就已经失落了,因而从那时起就找不到它的丝毫遗迹了。这个辅音会是什么呢?当然不会是-k,因为假如真是-k 的话,它就该保留在广州话和日本汉字音里,这些方言是一直有-k 韵尾的。另一方面,它应该是个舌根音,非常像-k,因而这些字可以与真正收-k 的字押韵。这就是说，它准是-g。所以我们把它们的上古音构拟成* ləg、lĭəg、kĭəg、ȵĭəg、kĭŭg，与* tək、sĭək、pĭŭk 押韵。简要说来，* ləg 在 6 世纪变成了 lɑi，其中的弱音 ə 变成了短弱音 a；正像与藏语 gsum 相应的上古* səm（三）在 6 世纪变成了 sɑm，带一个短弱音 a，又在现代汉语中变成了 *san* 一样。* lĭəg 中的 i 取代了 ə，因此它先变成 lig，后来又失落了-g，变成了 6 世纪的 lji，又变成了北京话的 *li*，等等。

有人也许要反对说，这一大批字在后来的语言中并没有-g 的丝毫痕迹，而仅仅因为它们在上古时代与原本收-k 的字押韵就构拟出一个-g 韵尾，这种做法实在太冒险了。那么现在我们就可以用上另一种旁证材料：这就是谐声字。一个简短的例子就很容易表明它的作用，其他的例子还有好几十个。

	北京	广州	中古日语	公元 500 年	公元前 800 年
舄	*xi*	sik	seki，siakŭ	sĭɛk	（sĭăk）
寫	*xie*	sɛ	sia	sĭa	（sĭag）

这张表表明“舄”字在古代是有收尾辅音-k 的，这个-k 在现代北京话中失落了，而在广州话、日语、朝鲜语和越南语中都还保留着。在公元 6 世纪这个字是 sĭɛk（ɛ 反映在日语 seki 里，它借自中国北方话），这个音来自上古的 sĭăk，其中的 ă 仍然保留在借自中国南方话的日语读音 siakŭ里。现在这个字用作“寫”字的声旁。“寫”在任何现代方言（北京话 *xie*、广州话 sɛ，等等）和域外方言（日语 sia，等等）中都没有收尾辅音的痕迹，所以它在 6 世纪的读

音是 sĭa。但是“寫”如果在上古没有收尾辅音，就绝不可能用一个收-k 的“舄”做声旁，因为它们的读音差异实在太大了。这里只能得出一个结论：“寫”字在最初确实有过一个收尾辅音，这个音在《切韵》时代以前很早就失落了。这个辅音不可能是-k，因为假如真是-k 的话，它就该保留在日语和广州话里才对；但它肯定是个相当近似于-k 的舌根音，否则“寫”字从“舄”得声就不可理解了。所以，“寫”的上古收尾辅音不可能是 t、p、d 或 s，而只能是最接近于 k 而又不是 k 的舌根音，即-g，再不会是别的音。据此我们构拟了一个上古音 * sĭag。这里我们看到，沿着截然不同的途径，我们恰又得到了在古诗韵脚的帮助下已经得出的同一个结论。这证明了已知最古的汉语中有很大一批字都带一个收尾辅音-g，这个音很早就完全失落了，以至在任何现代方言和公元 6、7 世纪的日本、朝鲜借字中都找不到它的痕迹。

假如仍不完全信服，那么我们还可以用第三种方法再一次确证这个结论。同一个汉字根据不同的意义可以有两种不同的读法，这样的例子很多：

	北京	广州	中古日语	公元 500 年	公元前 800 年
祝（祈祷）	*zhu*	tʂuk	siŭkŭ，sokŭ	tɕĭuk	（tjĭək）
祝（诅咒）	*zhou*	tʂau	siu	tɕĭə̆u	（tjĭəg）

这个字有两个意义：一个是“祈祷”，一个是“诅咒”。当“祈祷”讲的时候它无疑是个上古收-k 的字，因为我们发现广州话（tʂuk）和日语（siŭkŭ，sokŭ）都证实了这个-k，它在公元 6 世纪是 tɕĭuk。

可是当"诅咒"讲的时候它就没有收尾辅音的痕迹了：北京话是 *zhou*，广州话是 tʂau，日语是 siu，所以它在公元 6 世纪也是没有收尾辅音的 tɕĭə̆u。但假如它们在上古时代（公元前 800 年）的区别真的大到一个收-k 而另一个收元音的程度，那么同一个字形既用来代表"祈祷"又用来代表"诅咒"，这当然就太不可理解了。它们在读音上肯定非常相似，古人肯定把这两个非常相似的语言形式认作了同一个词根。所以我们推断，当"诅咒"讲的"祝"肯定也曾有过一个收尾辅音，"祈祷"实际上是* tjĭɔk 而"诅咒"实际上是* tjĭɔg。我们这里不能研讨为什么元音是 ɔ 却不是 u。这样，我们就有了与前两个证据毫不相干的第三个证据，它也表明了上古汉语有一个-g 韵尾，只是在公元 6 世纪以前很早就失落了。

在所有这些例子中，我都把论题限制在了一点上：我证明了在一大批字中都曾存在过一个很早就失落了的-g。用完全相同的方法，再解决一些更为复杂的难题，我们就能阐明上古汉语的元音系统，并且在形声字及其声旁的帮助下阐明上古的辅音声母系统。简言之，我们现在已能构拟出伟大的中国文学产生的时代，即公元前 500 年时的古汉语读音，直至其中每一个细节。

四　语法

在前面的讨论中，我们举了几个例子来说明我们构拟中国古代语音所必须采取的方法。这几个例子已经显现出了一个值得注意的事实，即古代语言的音系显然比现代口语要丰富得多。上古语言中的字可以用一整套不同的辅音收尾，如 p、t、k、b、d、g、m、n、ŋ、r，而在现代官话中，没有一个字可以用除元音以及 n、ŋ、r 以外的其他音收尾。从中古以后，所有的韵尾 p、t、k 都脱落了，所有的韵尾 b、d、g 也消失了，m 和 n 合并成了 n。这对元音系统也适用。上古时代存在特别丰富的一批单元音和双元音，但后来都被简化了，它们在发展进程中合并成了为数不多的简单类型。音系的简化是非常厉害的。在公元前，像英语的 bear[熊]、bear[负担]、bare[赤裸]这样的同音异形字还比较少有，而汉语语音的逐渐简化却产生了一大批同音异形字。北京话里有一百多个念 *yi* 的字，有好几十个念 *shi* 和 *fan* 的字，等等。这样造成的结果是：由于上古汉语的每个字通常都能凭借读音来区别于大多数别的字，所以用单音节字构成的句子就是明白易懂的；而人们在现代语言中却不可能很好地理解句中的单音节字，因为同音字实在太多了。进一步的解释是绝对必要的，用各种不同的方法都能阐明这一点。例如这个上古汉语的句子：

* ŋɑ kian liaŋ ȵĭĕn
我 见 两 人。

即使人们没有看到这句话的写法,这句话听起来也已经够清楚了,因为句中每个字的读音都与大多数别的字不同。只有一个念 kian(去声)的字,这就是“见”。念 ȵĭĕn(平声)的字我们发现有两个,一个是“人”,另一个是“仁”。在* ŋɑ kian liaŋ ȵĭĕn 这样一个句子里,上下文非常清楚地表明了句中的 ȵĭĕn 绝不会是“仁”,这个 ȵĭĕn 的意思肯定是“人”,因此人们用单个的字是行得通的。可是在现代官话中这句话却读作 *wo*³ *jian*⁴ *liang*³ *ren*²,这样一来就糟糕了,因为除“见”以外还有其他一批字也都念去声的 *jian*,其中一个是“鉴”,另一个是“建”,还有“剑”和“践”,它们在上古汉语中都不同音,可是在官话中全合并成了 *jian*。结果是当我说 *wo jian* 时,听话的人无法知道我的意思是“我见”、“我建”还是“我践”。同样也有好几个 *ren*(阳平声),例如“纴”。因而,如果我说 *wo jian liang ren*,那么这句话的意思既可以是“我见两人”,又完全可以是“我践两纴”。口语为了避免这样模棱两可的话,就加上了一个专门当“见”讲的 *kan*(看)来作解释,又插入了一个 *kou*(口)来作补充:

*wo*³ *kan*⁴ *jian*⁴ *liang*³ *kou*³ *ren*²
我 看 见 两 口 人。

这句话就好理解了。

这仅仅是一个例子，还可以选用许多别的例子把它讲得更清楚些，但这里不能一一列举了。重要的是，上古语言只有简短的单音词，而在语言简化中为了清楚地表意，就需要产生大量较长的复音词，由此就造成了现代口语和上古语言的基本区别。

然而汉字系统在这里引出了一个奇妙的结果。虽然用现代音朗读 $wo^{3} jian^{4} liang^{3} ren^{2}$ 时，别人听来总感到难以理解，可是现代中国人一旦写下“我见两人”这句话，所有的读者马上就都明白了。多亏字形清楚地把所有的字彼此区别开来了，而不管它们的读音如何，所以人们在书写的时候不大需要现代口语中大量累赘的词语，而只要有简单的单音词就完全可以了。结果是，在从公元前直到今天的书面语言里，人们始终使用着最初那些简短的词汇；换句话说，所有人一直都在书写古汉语，而不去理会已独立发展了的口语。因此，中国有两种语言：一种是许多世纪以来的简洁明了的书面语言，它仅仅通过表意的字形来把每个词彼此清楚地区分开，这种语言大体上还保持着公元前它形成时的样子；另一种则是口语，确切些说是许多种口语，它们的基础是各种与书面语言有实质区别的方言。普通的书面语言经常出现在书籍、报纸、杂志和信件中，许多年来大致未变。通过这种书面语言，4 亿 5 千万中国人得到了一门全民族语，这使他们结成了一个庞大的语言集团。北京人用书面语言写的信件，广州人一看就懂；可是，如果这两个人试图一个用北京话，另一个用广州话来直接交谈，那么这差不多就像柏林人和阿姆斯特丹人试图用各自的乡音交谈一样。

注重实践的中国人下不了决心抛弃他们原有的文字，而采用只用二十多个字母的、出奇简单的西方文字，西方人常常对此感到诧异，然而，中国人却有充分理由对改革汉字表示犹豫。首先，这会导致在全中国失去一种由汉字代表的专门的全民族语，它必须要么换成一大批以不同方言为基础的书面语，要么换成一种单纯以官话为基础的书面汉语普通话，那时，中国南方沿海的好几千万人都不得不把汉语普通话当做半门外语来学习了。其次，这也许被证明是更加不幸的，如果根据官话之类的某种现代方言的字音来把古典文学作品改写成字母文字，那么就会变得全然不可理解了，因为这样一来，写在纸上一模一样的同音字就会多得数不胜数。从大众的立场考虑，必须先把过去三千年来的文学作品译成现代官话，再用西方字母转写官话读音，人们才能理解，而古代字形所代表的汉语古音则要留给学者们作为专门的学问去进行毕生的研究。

我们现在转回到汉语书面语和口语共同的基本特性上来，这一点我们在引言那章中已经用一段官话描述过了。汉语的特征一方面是它的单音节性质；另一方面，或许更为重要的，是它的孤立语性质。我们知道，这意味着每个单字无论在句中起什么作用，它的字形都是一成不变的。我们看到，man[人]、the man[这人]、men[人们]、the men[这些人]、man's[人的]、men's[人们的]一律都是没有屈折现象和词根变化的 *ren*（人），而 *lai*（来）这个单字的意思同样也可以是 to come[来]、I come[我来]、I came[我曾来]、I have come[我来过]、I will come[我要来]，等等。实际上正是这种不改变词形的性质构成了学习汉语的最大困难，因为它意味着不计其数的词语关系在我们的欧洲语言中是由屈折或派生的方式明确表达的，而在汉语中却只能参照上下文去理解。这需要有很发达的猜测力才能确定说话或写字的人在句中的实际意思。在阅读拉丁语或德语这类语言时，读者了解语法，再有一部字典，就能得知每句话的意思，当然，我们假定句中不提及读者所不熟悉的事情。语法分析对读汉语几乎没有什么帮助，唯一确有帮助的只是通过广泛阅读而得到的体验，也就是对中国人造句方法的感觉。我们举几个例子来说明这一点。

活跃在公元前300年左右的思想家孟子来到了梁国，梁王问他说（我们根据通常的惯例把这句话改写成现代官话的读音）：

sou bu yuan qian li er lai yi jiang you yi li
叟 不 远 千 里 而 来 亦 将 有 以 利

wu guo hu
吾 国 乎 。（句尾的“乎”是语气词）

这句话的每一个字都简单易学，并且在汉语中极为常见，用任何一部字典都可以查到，但还是把读者搞糊涂了，这句话是什么意思呢？

我们以前说过了英语词类之间一般都有形态区别，名词、动词、形容词等都具有各自特殊的形态，与形容词 clean［清洁］相应的有动词 to cleanse［使清洁］，与名词 witch［女巫］相应的有动词 to bewitch［施巫术］。我们还提到过，绝大多数这种形态区别在汉语里都没有，同一个不变形的单音字既可以用作名词、形容词，也可以用作动词。上面句子中的“远”字是个好例子——它的本义是我们所谓的形容词“远”，例如“远方”；可是这个字也同样可以做名词用:“南蛮之远”;它还可以用作及物动词:“远盗贼”,或者用作不及物动词:“君子远庖厨”。但在我们的句子中它又是另一种动词——所谓的使役词,意思是“使……远”,即“以……为远”。连词“而”把前面这个句子“叟不远千里而来”变为我们所谓的状语,说的是“老头儿,你不认为行走千里路途遥远而来……”,也就是说,为了来见我。我们现在把所知道的词类特性应用到另外半句里,“利”作动词用:“利吾国”的意思就是“有利于我的国家”。但是这个奇妙的“以”是什么意思呢?也还是一样的情形。在英语中我们有连词和介词两个词类,它们与名词、形容词和动词有区别:连词例如 when[当……时]、while[而]、although[虽然],介词例如 in[在……里]、with[和]、by[被]、under[在……下]、till[到],等等。的确,语言学家常常能证明这些连词和介词在历史上都是从名词或动词发展来的,但是在实践中我们感到它们是具有特殊作用的独立词类,并不与其他词类混淆。汉语中不存在这样的区别,连词或介词不仅仅是来自动词或名词,而且它们本身就可以用作动词或名词。中国人一方面说“我赶他”,这里的“赶”是动词;另一方面又说“赶他来”(当他来的时候),这里的“赶”起连词 when[当……时]的作用。例如孔子说“我以我仁”,“以”在这里是个十足的动词;可是我们还发现它也用作介词,相当于“拿”、“用”,例如“杀人以刀”即“用刀杀人”。在上面的句子里我们发现它用作介词,不过是在一个非常罕见的结构里。“亦将有乎”即“你也将要有吗”,“以利吾国”即“用以有利于我的国家”,也就是:“你也将有什么使我的国家获得利益的东西吗?”现在全句就清楚了:“老头儿,你不认为行走千里路途遥远而来,也将有什么使我的国家获得利益的东西吗?”不难认识到,没有什么语法足以帮助我们剖析这个句子。这需要有猜测力,或者更确切地说,需要体会中国人造句的方式,需要体会他们用言语表达思想的方式。你必须了解中国人的思路,而要做到这一点只有一个办法:读书,读书,再读书,使你习惯中国人的思考方式,直到你能像中国人那样自动思考时为止。

在上面这样的句子中,每个字都简单易懂,并且都具有正常的意思,如果感到这种半直观的理解就够难的了,那么在许多情况下同一个字还可以有许多意思,这时事情就复杂多了。中国有漫长的文化史和文学史,随着多少年的流逝,词义发生了极大的变化:或者引申了,或者逐渐产生了与最初的本义区别很大的一些次要义。这就使得人们很难判断一个字的许多意义中哪个是特定的句子所要求的意义。这当然是所有语言共有的现象,但要掌握这一点却极为困难,这涉及一个西方以外的民族,他们的思想方法与我们西方人常常是迥异的。

我们用英语说 a long gown[长衣],而古代中国人却说“深衣”,垂到地面的衣服。我们说 the official sentences the criminal[官判决贼人],而中国人却说“官处贼人”,即把贼人放到适当的地方来惩罚。我们说 I receive instruction[我接受教导],而中国人却说“我领教”,我领,我伸直脖子,得到了教导。我们说 the end of the month[月终],而中国人却说“月底”,月的底下。我们说 I put on my coat[I put it on me,我把衣服放在我身上],而中国人却说“我穿衣裳”,我把自己穿到衣裳里去。我们说 I explain that expression[make it plain,我把这句话搞清楚],而中国人却说“我解这句话”。

以上这些例子说明，中国人常常使用与我们不同的修辞手段，简单说，就是使用别样的比喻。众所周知，我们所有人在各自的语言中都大量地使用比喻，尽管我们太习惯于比喻，以至不再认为这是修辞手段了。当我们说 He declared himself satisfied with the sentence[他声明自己对判决感到满意]的时候，实际上谁也不会把 to declare[声明]和 clear[清楚]，即 to make clear[使清楚]这两个词联系起来。汉语的修辞格系统常常是极为有趣的，与我们的大不相同，但要理解它也还需要大量的直觉知识。“我蒙泽于他”，本义为“我被他的潮湿覆盖了”，这句话的意思是“我接受了他的恩惠”，结果“泽”义为“给予生活的恩惠”。在一部古代经典中我们惊奇地读到“天不爱道”这句话，但实际上“爱”还作“吝啬”讲：“我爱我钱”(＝我吝啬我的钱)，而古代这句话的意思是“天不吝惜道”——对每个人来说这都好懂。英国人说 My thoughts go back to my dead father[我的思想回到我死去的父亲那里＝我回想已故的父亲]，而中国人则说“我追想亡父”，即“我的思想追上了已故的父亲”。我们是用完全相反的方式想象这件事的，我们回想以前的时候，我们认为是回去，而中国人则设想父亲是在他们之前先走了，子女要用思想追赶他、赶上他。这个很好的例子说明了中国人的思想内容与我们自己的不同。“那个人糊涂”的意思是“那个人愚蠢”。“孔子之裔”的意思是“孔子的后代”，“裔”本是长袍拖地的部分，这里当“后代”、“子孙”讲。“他冒危险”的意思是“他使自己面临危险”，就像戴帽子那样，他把危险拉到他的头上。“他雪耻”的意思是“他使耻辱变得雪白”，即“他洗掉了耻辱”。“他跟其父”(＝他踩着他父亲的脚跟)的意思是“他跟随他的父亲”。

这些例子足以表明中国的比喻与欧洲的比喻经常有多么大的不同了。汉语中有罕见的修辞方法，没有形态上的词类，没有屈折变化，如果我们现在把这些特殊的性质综合起来，那么结果有时就是非常难懂的了。汉语一句极常用的话是“拿开水来”，假如有某种屈折手段来表明这里的“开”是“水”的定语，那么“拿开水来”这句话就好懂多了。“开水”的意思是“沸腾的水”——当水沸腾时它就“打开”了，可是只有单独一个不变形的“开”，就不那么容易懂了。下一个例子也非常复杂：“他是我的生人”，“生人”是什么意思呢？它是个现在分词：He is my birth-giving man[他是生我的人]，是我父亲呢；还是个过去分词：He is my born man[他是我生的人]，是我儿子呢？都不是。“生”字有许多不同的意义，它的意思既可以是“生出”，也可以是“生存”，而通过“生存”引申，它的意思还可以是“不熟的”：“生肉”，“生存的肉”即“不熟的肉”；又通过罕见的曲解，“生”还可以隐喻“不熟的”，即“新的”、“不了解的”，与义为“老”、“了解”的“熟”相对。所以，“他是我的生人”的意思是“他对于我来说是个新的、不了解的人”，而“他是我的熟人”的意思是“他对于我来说是个老的、了解得很清楚的人”。

这些说法都是平常的北京口语，而我们下一个例子则引自古典的文学语言。孔子的学生、思想家曾参，要与他妻子离婚，因为她没有好好侍奉婆婆。一个朋友责备他说：“非七出也。”“也”是个句尾虚词。这句话似乎太莫名其妙了。应该在“出”字上寻求解释，它通常的意思是不及物动词“外出”，但也可以是及物的“拿出”、“拿走”、“废除”，而在这里它起名词的作用：“这不属于七种废弃的理由”，即妻子的过失并不是男人有权休弃妻子、废除婚姻的那七条理由之一。这七条理由是:不事舅姑、口舌、盗窃、淫逸、妒忌、恶疾和无子。

这个典型的例子说明,没有语法的帮助太不幸了。不定式动词"出"几乎什么也说明不了。假如它有某种屈折变化,使得人们能够看出它是及物动词"拿走"、"废除",而在特殊情况下又起名词的作用,那么它的意思当然就好懂多了;可是除了一些独立助词结构之外,汉语不仅没有屈折变化和各个词类之间的形态区别,而且,我们必须补充说,它还显然拒绝使用我们西方语言中惯用的一种极为有效的手段,这就是通常说的派生法。众所周知,大多数西方语词在历史上都不会同语言中其他所有的词无关,也就是说,不是独立的个体。正相反,它们大都能构成一些很大的词族,其中的词都派生于同一个词根,具有密切的亲缘关系。我们已经在同一个词的屈折形态中发现了同一词根的几个变体,如 eat[吃]:ate[曾吃]:eaten[被吃],然而我们现在却认为它们不是同一词根的变体,而将其看成实实在在的独立的词,只不过类属相当接近罢了,另如:to bind[捆住]:a bond[契约]:a bundle[一捆],thieve[偷]:thief[贼]:theft[窃罪],to rise[上升]:to rouse[惊起],等等。

特别常见的是派生法在形容词和动词基础上造出名词,以及在名词基础上造出动词。我们在英语中有一大批这样的派生变化:与动词 to see[看见]相当的有名词 sight[视野],如果想造一个表示动作发出者的名词,我们就有来自 to speak[说话]的 speaker[说话人],与形容词 small[小的]相当的有名词 smallness[小],在 long[长的]这个词根的基础上我们造出了名词 length[长度]。这的确是我们语言中一种非常多产的构词法，但汉语看来是基本不用的。我们说 due to the length of the road[由于路的长度＝由于路长]，而中国人则说“以路之长”，我们必须参照上下文才能确定“长”在这里用如名词 length[长度]。

这样区分词类也许够蹩脚的，但尽管如此，中国人有时却能很好地区别我们必需用一串累赘的说法才能表达的意思。我们的 length[长度]这个词实际有两个意思，当我们说 due to the length of the road[由于路长]的时候，意思是路确实是长的，可是我们说 I do not know the length of the road[我不知道路的长度]的时候，意思就不同了，路也许有一英里长，也许有五十码长，我们不知道路的远近，不知道它的相对长度究竟是多少。中国人有个方便的办法来表达后一个意思，他们说“不知路之长短”，这是个异常合乎逻辑的表达法。

这些例子就够了，我们现在可以把结论扼要地复述一遍。汉语语法事实上非常贫乏，它主要是规定词在句中的位置，再加上一批语法助词的作用。所有在我们的语法中称为变格和变位的情况，以及构词的原则，在汉语中几乎都看不到。汉语不用像各种词根或词尾变化那样的特殊标记来表明所要求的词类、名词的数和格、动词的时态和语态，这使汉语变得异乎寻常地简洁。比起我们的语言来，汉语几乎不能帮助我们通过一些明确可解的迹象来确切找出词义和词在句中的作用。正是由于缺乏明确的构形法，这就强烈要求人们具有猜测能力，而这正是学汉语最大的困难。如前所述，主要的难点根本不是汉字的形体，而是汉语的孤立语性质。

19 世纪初，人们开始对普通语言学感兴趣，想要建立各种不同的语言类型，就在这时，汉语的孤立语性质引起了学者们的注意。许多人认为，汉语缺乏词形变化，缺乏派生和屈折手段，这表明它是一门非常原始的语言，它一直停留在最原始阶段，还没有造出像拉丁语、希腊语、俄语和德语等西方语言以丰富的形态系统为基础的所有那些精美的表达法。但这个观点却没能长期站稳脚跟，从其他语言中得到的经验似乎表明这种说法不对。研究了一系列外国语言之后，人们不久就对此产生了怀疑。据报道，在非洲、澳洲和美洲，在全世界各地的一大批野蛮原始部落中，都存在一些语法特别复杂的语言。没有屈折和派生手段绝不能表明语言是原始的，而只能表明语言是进步的。人们还观察到，印欧诸语言也在向与此完全相反的方向发展，它们一个接一个地失掉了屈折和派生手段，就是说，在类型上变得和汉语越来越相似。瑞典语比德语的屈折系统简单，而德语又比拉丁语和希腊语的屈折系统简单。沿简化和废弃语法指示手段的方向走得最远的是英语，它在世界上是仅次于汉语的广泛应用的语言。我们曾经指出，英语早期曾有过词类之间的形态区别，而现在这种区别有许多已经开始被废弃了（如现在不说 to cleanse 而说 to clean，又如 to table a question，等等）。就此而言，英语已经发展得大大地接近像汉语这样的孤立语了。

很早以前，语言学家们就向自己提出了这样的问题：一，汉语包含几千个不变的单音节词，这些词似乎完全独立，彼此毫无关联，因而一个词不会是从另一个词派生来的；二，这些单音节词从来不用词根的屈折变化来表示词类或词的句法功能——这是原始的状况，还是后起的状况呢？原始汉语是不是具有不同的性质，但后来却沿着今天英语那样的路线简化了，作为长期发展的结果，最终成了一种罕见的孤立语呢？这好几千个表面上互无关联的单音节词中，究竟会不会有某些词在历史上是同属一个词根的几个变体呢？在北京话中，“度量”的“度”是 *duo*，“尺度”的“度”是 *du*，这难道不是同一词根的两个变体吗？“沉重”的“重”是 *zhong*（不送气，去声），“重叠”的“重”是 *chong*（送气，阳平声），它们难道不是同属于一个词根吗？更能说明问题的是，中国人把这样的一对词写作同一个字，这不就表明他们似乎感觉到其中的联系了吗？德国汉学家威廉·格鲁贝[Wilhelm Grube]在 19 世纪 70 年代就已经提出了这些问题。在 19 世纪 90 年代初，孔好古[A. Conrady]写了一本大部头著作，在这部著作中他试图说明某些不同的汉语词是从同一个词根产生出来的，因而它们同属一类。为做到这一点，他还尝试着用藏语、缅甸语、泰语这些远亲语言的比较材料来支持他的理论。

很不幸，那时人们对古汉语音韵简直一无所知，他们都是根据北京官话、广州话或者其他一些方言的现代读音来从事研究的。如上所述，作为他们理论基础的那些材料由于长期的发展而变得太简化、太贫乏了，这些音系实在不堪使用，因此凭借这类材料几乎不可能得出任何令人满意的结论。孤立语性质在今天可以看成是汉语的主要特征，而汉语最初的性质并不同于孤立语，不过，在能构拟出汉语的古代音韵之前，这个理论却始终是个猜想。

结果是我们的古音构拟意外地为汉语的最初性质提供了确切的新证据，有两个问题现在开始得到了答案。

一、上古汉语究竟有没有屈折变化？就是说，除去用孤立的助词来表达的分析型屈折，还有没有用词本身内部的变化来表达的真正的屈折呢？

二、上古汉语究竟有没有派生变化？就是说，有没有通过词根本身的变化，从同一个词根产生出几个不同亲属词的手段呢？

要研讨第一个问题，最好从一种相近的西方语言——法语出发，因为法语已经废弃了名词的变格，而代之以助词。现代法语的助词型屈折 l'empereur［皇帝］、de l'empereur［皇帝的］、à l'empereur［给皇帝］分别相当于拉丁语主格的 imperator［皇帝］、属格的 imperatoris［皇帝的］、与格的 imperatori［给皇帝］，这正像我们在汉语中发现的“帝之”，即“皇帝的”。有一个词类在许多语言中都常常是很保守的，这就是人称代词。法语的人称代词直至今天还停留在早期真正的屈折阶段：主格 tu［你］、与格和宾格 te［给你，你］，所以 tu ∶ te 这个屈折系统始终与法语的祖先拉丁语一样。那么在汉语中又怎么样呢？

上古汉语有好几个当“我”讲的词，最常用的是“吾”和“我”两个，现代官话分别读作 *wu* 和 *wo*。从书面语言总体上看，它们是完全等义的，并且在主格、属格、与格和宾格里都出现。可是多年前我曾产生过一个念头，试图揭示限制在两个作者之内的事实真相。孔子和孟子（大约分别在公元前 500 年和公元前 300 年）这两个哲学家同是山东人，当然都说同一种古代方言。于是，一个值得注意的事实暴露出来了：这两个作者都明确地区分了“吾”和“我”。在他们的著作中，“吾”仅仅在主格和属格中才有，而从不用作与格或宾格。反之，“我”大都用作与格或宾格，此外有些时候也用作主格和属格。例如孔子说：“如有复我者，则吾在……”，等等，显然在同一个句子中可以有主格的“吾”和宾格的“我”。

宾格形式取代主格形式，这在许多语言中都是常有的事，例如瑞典语 någon（某人）本是古宾格，而现在变成了主格。在法语的独立代词中，我们看到 toi[你]既用作主格也用作宾格，而 toi 最初也是个古宾格形式。这样我们就明白了，汉语最初有一个主—属格的“吾”和一个与—宾格的“我”，可是在孔子的时代，这个系统已经开始改变了：“吾”仍然限用于主格和属格，而“我”在保持它最初的与格和宾格的用法之外，也开始用作主格和属格了。如果接着研究第二人称代词“你”，我们同样能找到“汝”和“尔”两个词。这两个词的用法更进一步地混起来了，他们在孔孟的语言中出现在所有的格里，但是统计研究表明，“汝”大都用于主格和属格，而“尔”大都用于与格和宾格。最后，第三人称“他”没有主格——这个词用作主语时就“默而识之”，不必写出了。但是，“其”除属格以外绝不出现在其他任何格里，“之”除与格和宾格（给他，他）以外也绝不出现在其他任何格里，不仅在孔孟的语言里，而且在所有其他古代典籍里都是如此，这是一条铁的法则。

这些事实当然很值得注意，它们无可辩驳地证明了上古中国人正与法国人一样，对代词的格具有清楚的感觉。他们区别开了主格属格和与格宾格，并用真正的屈折手段、用词本身的变化来表达这种区别。

但我们也许要问，这究竟是不是同一个词根的真正屈折呢？它们是不是不同的词呢？这些词具有不同的语法功能，但却并无关联，而仅仅是互补的，构成了所谓的不规则变化，这大致像法语主格的 je[我]和宾格的 me[我]，法语这两个词当然不是同一词根的屈折形式。是的,如果把我们的理论建立在现代读音的基础上,那么看上去也许正是这样:主—属格的“吾”,与—宾格的“我”;主—属格的“汝”,与—宾格的“尔”;属格的“其”,与—宾格的“之”——在这里找不到任何规律,这些词不能构成有条理的屈折系统。确实,“吾”和“我”相当近似,但“汝”和“尔”怎么可能是同一个词的屈折形式?还有“其”和“之”呢?这样的反面意见似乎可信,可是一旦把我们构拟的上古音形式纳入其中,就可以清楚地看到,这里讨论的正是不折不扣的、真正的屈折变化。

		上古音	北京官话
主—属	吾	ŋo	*wu*
与—宾	我	ŋɑ	*wo*
主—属	汝	ȵĭo	*ru*
与—宾	尔	ȵiɑ	*er*
属	其	g'ĭəg	*qi*
与—宾	之	tjĭəg	*zhi*

我们得到了主—属格的 * ŋo、* ȵĭo 和与—宾格的 * ŋɑ、* ȵiɑ,并且还看到前者用主元音 o 来表示,后者用主元音 ɑ 来表示。这是漂亮而规则的屈折,不过在现代读音中却变得一团糟,特别是由于 * ȵiɑ 先变成 ȵi,而 ȵi 又经过 ȵʑi>ʑi>ʐʅ>ᵊʐ>ər 这样的发展而变成了 *er*,这在上文中都描述过了。

如果我们接下来研究第三人称,那么就会发现一种不同的屈折类型。“其”和“之”的主元音都一样,而屈折是通过改变辅音声母来造成的：属格* g'ĭəg，与—宾格* tjĭəg，这个有趣的现象引出了下一个重要问题。现在，由于证明了上古汉语的典型变格恰如法语那样，仍然保留在人称代词里，这时就能对上述第一个问题，即汉语最初是否像西方语言那样具有真正的屈折这一问题给出肯定的回答了，至少可以确认在一个词类里是有屈折的。我们现在接下来回答第二个问题：汉语最初有没有构词系统呢？就是说，有没有像英语 bind：bond：bundle 那样的一连串派生于某个共同词根的不同的词呢？

如果我们仅仅用现代字音材料来从事研究，那么就无法指望把词归并为词族，这并非因为我们缺乏读音相近而意义相同的词，据此可以推测它们同出一源，而恰恰相反，是因为这样的词实在太多了。正如我们以上所看到的那样，汉语的语音演化从本质上说就是大大的简化，使一些古代有明显区别的语音在现代读音中重合了，大批早先读音相差很大的字在北京话里都变成了同音字。即使我们不回到上古，而只是上溯到公元 6 世纪的中古汉语，上溯到《切韵》语言，那么，通过比较中古和现代北京话的字音，我们也可以明显地看出这种简化现象。在下面的例子中不顾及声调，即乐调重音：

中古汉语的 kɑ（歌）、kɑk（各）、kɑt（割）、kɑp（蛤）、kɛk（革）都变成了北京话的 *ge*（读作 kə）。

中古汉语的 kji（几）、kjei（既）、kjie（妓）、kiei（鸡）、kĭĕt（吉）、kĭəp（及）、kĭək（亟）、kiek（击）、tsiei（济）、dz'ĭəp（集）、dz'ĭĕt（疾）、tsĭɛk（脊）、tsiek（绩）、tsĭək（即）都重合为北京话的 *ji*。

中古汉语的 ʂam（衫）、ɕĭɛm（闪）、ʑĭăɛm（赡）、ʂăn（山）、ʂan（删）、

ɕĭɛn(煽)、ʑĭɛn(擅)都变成了北京话的 *shan*。

早先分辨得很清楚的音节就这样大规模地重合了。现在很明显,我们要研究同源词族,这些简化的现代字音是没什么用处的。假设我们有一个北京话的"复"字,再去搜寻与之相关的近义词,那么,在大约九十个读 *fu* 的字,或者大约二十五个读 *bu* 的字以及大量读 *pu* 的字中间,我们要是找不出几个意思是"回复"、"恢复"或者"重复"、"回报"之类的字才怪呢。我们当然可以没完没了地这样找下去,但是由于语音简化得太厉害了,所以这样的联系是缺乏价值的。下面是一个典型的例子:北京话里有个"屈"字,意思是"弯曲",还有一个"曲"字,意思也是"弯曲",如果断定这二者实际上是同一个字,那么还会有比这更自然的吗?可是在公元6世纪的中古汉语里,"屈"是 k'ĭwət 而"曲"是 k'ĭwok,二者之间什么联系也没有。k'ĭwət 变成了北京话的 *qu*,k'ĭwok 也变成了 *qu*,它们在现代同音纯属偶然,不能揭示出任何亲缘关系。

如果大胆一些,上溯到我们所构拟的公元前800年左右的上古汉语,那情况就大不一样了,这里我们得到了性质截然不同的字音材料。我们发现了有丰富语音变化的一群词,它们带有大量不同的声母、单元音、双元音和收尾辅音。语音简化作用那时还来不及把读音不同的字合并为同音字。同音字确实比较少,起码是比现代方言中的同音字要少。我们可以依据相当确切的字音来从事研究,可以不再像以上错误地系联"屈"和"曲"那样大冒风险了。如果现在来考察上古字词材料,那我们马上就会发现,这些单音节字当然很容易就能归并为词族,在词族中有一个基础词根,通过声母、元音和尾音的变化而派生出了成组的同源词。

我们举几个用音变手段从同一词根造出派生词的例子。在右面一栏里我们记下了现代北京读音，与左面一栏的上古音相对，为的是表明上古的读音区别有时相当好地保留在了北京话里，而在另一些情况下，这种区别却模糊了或者完全丢掉了，在这些现代字音基础上无法建立任何规则的体系。

不送气清声母和送气清声母（例如 k'uŋ，读作 k-h-uŋ）的转换：

kĭwoŋ 恭	pwɑn 半	tʊg 祷	*gong*，*ban*，*dao*
k'ĭwoŋ 恐	p'wɑn 判	t'ʊg 讨	*kong*，*pan*，*tao*

正如不送气的 k 换成了 k' 那样，p 也换成了 p'，t 也换成了 t'。要选择三个 k∶k' 对转的例子并不困难，可是例子是从三组不同的辅音（牙音、唇音和舌音）中选出来的，这是为了表明音变现象在三组音中都一样。

不送气清声母和不送气浊声母：

kwək 国	tjĭuk 属	tĭog 朝	*guo*，*zhu*，*zhao*
gɪwək 域	djĭuk 属	dĭog 耀	*yu*，*shu*，*yao*

正如 k 换成了 g 那样，tj 也换成了 dj，t 也换成了 d。gĭwək 里的介音ɪ下文要讨论。

不送气清声母和送气浊声母：

kwɑn 官	tĭan 辗	tsĭĕŋ 精	*guan, zhan, jing*
g'wɑn 宦	d'ĭan 缠	dz'ĭĕŋ 净	*huan, chan, jing*

正如 k 换成了 g' 那样，t 也换成了 d'，ts 也换成了 dz'。

送气清声母和送气浊声母：

k'ĭuk 曲	p'ia 披	k'wət 窟	*qu, pi, ku*
g'ĭuk 跼	b'ia 被	g'ĭwət 掘	*ju, bei, jue*

正如 k' 换成了 g' 那样，p' 也换成了 b'。

不送气浊声母和送气清声母：

dĭʊg 由	gĭwan 圆	dĭan 延	*you, yuan, yan*
t'ĭʊg 抽	k'ĭwan 圈	t'ĭan 阐	*chou, quan, chan*

正如 d 换成了 t' 那样，g 也换成了 k'。

不送气浊声母和送气浊声母：

dĭĕn 引	gĭəg 颐	*yin, yi*
d'ĭĕn 陈	g'əg 颏	*chen, ke*

正如 d 换成了 d’那样，g 也换成了 g’。

塞音声母和塞擦音声母：

tɪ̆am	t’og	d’ɪ̆ʊg	*zhan，tao，zhou*
沾	洮	酎	
tsɪ̆am	tsog	tsɪ̆ʊg	*jian，zao，jiu*
渐	澡	酒	

这里我们有了转换成塞擦音 ts 的塞音 t、t’和 d’。

塞音声母和擦音声母：

kɪ̆ʊk	t’iek	tjɪ̆ʊg	*ju，ti，zhou*
鞠	剔	帚	
xɪ̆ʊk	siek	sʊg	*xu，xi，sao*
畜	析	扫	

这里我们有了转换成擦音 x(读如德语 ach 中的 ch)和 s 的塞音 k、t’和 tj。

塞擦音和擦音：

tsʊg	ts’əm	dzɪ̆wan	*zao，can，xuan*
蚤	参	旋	
sʊg	səm	sɪ̆wan	*sao，san，xuan*
搔	三	宣	

这里我们有了转换成擦音 s 的塞擦音 ts、ts’和 dz。

舌音和齿音：

tĭaŋ	sĭər	sĭog	*zhang*，*si*，*xiao*
张	死	小	
tjĭaŋ	ɕĭər	ɕĭog	*zhang*，*shi*，*shao*
掌	尸	少	

这里是转换成齿音 tj、ɕ 的舌音 t 和 s。

口音和鼻音：

pĭwət	kan	p'ĭwən	*fu*，*jian*，*fen*
弗	奸	纷	
mĭwət	ŋan	m'ĭwən	*wu*，*yan*，*wen*
勿	赝	紊	

这里是转换成鼻音 m、ŋ 的口音 p、k、p'。

还可以例举其他各种各样的声母转换，但以上提到的那些就足以表明可能出现的转换是何其丰富。我们接下来再看中介元音（○这个符号用来表示没有介音）。

○（没有介音）和ĭ（软化的辅音性的 i）：

b'wɑŋ	d'og	ʔɑn	*pang*，*tao*，*an*
旁	逃	安	
b'ĭwaŋ	d'ĭog	ʔĭan	*fang*，*zhao*，*yan*
房	赵	焉	

〇和元音性的 i(比短ĭ强而长的 i)：

k'ər	glɑn	ts'a	*kai, lan, cha*
开	烂	差	
k'iər	glian	ts'ia	*qi, lian, ci*
启	炼	差	

〇和 w(辅音性的 u)：

ȵĭat	g'ăŋ	k'ɑn	*re, heng, kan*
热	衡	看	
ȵĭwat	g'wăŋ	kwɑn	*ruo, heng, guan*
爇	横	观	

ĭ和 w：

b'ĭad	ȵĭan	tsĭan	*bi, ran, jian*
敝	燃	煎	
b'wad	nwan	ts'wan	*bai, nuan, cuan*
败	暖	爨	

ĭ(辅音性的 i)和 i(元音性的 i)：

kĭĕŋ	k'ĭat	ʔĭər	*jing, jie, yi*
颈	揭	扆	
kieŋ	k'iat	ʔiər	*jing, qie, yi*
刭	挈	医	

当接下来看主元音音变的时候，我们要采取一个大胆的措施。这里我们不顾及某些简单易懂的转换，例如长短元音之间（kăn：kan）或开合 o 之间（koŋ：kʊŋ）的转换之类，而是选出了一些可能让许多语言学家产生怀疑的典型转换。但这时我们应该看到，在藏语中有一些有趣的旁证，藏语虽然与汉语的亲缘关系较远，但它无可争议地是与汉语同源的语言。在藏语动词变位中，元音转换现象是非常规则的，例如有个 skem-pa（弄干），将来式是 bskam，祈使式是 skom，这就是 e：a：o 的转换。这些元音转换不同于印欧语中的内部音变（元音交替），如英语的 bind：bound［捆］、take：took［拿］，藏语音变起源于重音现象。在单音节的汉藏语言中，元音转换具有不同的性质，它是从词根中造出派生词的手段。

a 和 ə（读如德语 Knabe、英语 about）：

lĭad	d'ɑm	k'ɑn	*li, tan, kan*
厉	谈	刊	
lĭəd	d'əm	g'ən	*li, tan, hen*
利	谭	痕	

a 和 ĕ：

sĭan	k'ɑŋ	sĭaŋ	*xian, kang, xiang*
鲜	康	相	
sĭĕn	g'eĭŋ	sĭĕŋ	*xin, xing, xing*
新	幸	省	

a 和 o(ʊ)：

mɑg	tjĭɑk	zĭag	*mu，zhi，ye*
幕	炙	夜	
mʊg	tjĭok	sĭog	*mao，zhuo，xiao*
冒	灼	宵	

a 和 u：

tjĭaŋ	g'ăŋ	kĭăŋ	*zhang，xing，jing*
胀	行	竟	
tjĭuŋ	g'ŭŋ	g'ĭŭŋ	*zhong，xiang，qiong*
肿	巷	穷	

e 和 u：

tsĭĕk	ʔĕŋ	dĭĕŋ	*ji，ying，ying*
迹	罂	盈	
tsĭuk	ʔuŋ	dĭuŋ	*zu，weng，rong*
足	瓮	容	

还可以例举大批其他的元音转换，但我们最好接下来看收尾辅音。

鼻音和清口音：

ŋĭăŋ	d'uŋ	mieŋ	*ying，tong，ming*
迎	橦	冥	
ŋĭɛk	d'uk	miek	*ni，du，mi*
逆	犊	幂	

kwɑŋ	ȵĭan	b'ĭwăm	*guang, ran, fan*
广	燃	范	
k'wɑk	ȵĭat	pĭwăp	*kuo, re, fa*
扩	热	法	

正如 ŋ 换成了 k 那样，n 也换成了 t，m 也换成了 p。

鼻音和浊口音：

nəŋ	dzĭwən	gĭwan	*neng, xun, yuan*
能	循	圆	
nəg	dzĭwəd	gĭwad	*nai, sui, wei*
耐	遂	围	

正如 ŋ 换成了 g 那样，n 也换成了 d。

清塞音和浊塞音：

ʔeĭk	mĭʊk	kɑt	*e, mu, ge*
阨	目	割	
ʔeĭg	mĭʊg	g'ɑd	*ai, mou, hai*
隘	眸	害	

正如 k 换成了 g 那样，t 也换成了 d。

t 和 r：

ȵĭət	pĭwət	kwɑt	*ni, fu, kuo*
昵	弗	括	
ȵĭər	pĭwər	kwɑr	*er, fei, guo*
迩	非	裹	

n 和 r：

xĭwăn	siən	ʔĭwăn	*xuan，xian，yuan*
烜	洗	冤	
xĭwăr	siər	ʔĭwăr	*hui，xi，wei*
燬	洗	委	

通过所给的一些简短的例子，我们描述了可能存在的、繁杂得几乎使人担忧的音转情形。如果信得过这些例子，那么我们就会发现，在声母中所有的舌根音都可以在词族内部通转：k、k'、g、g'、ŋ、x；其次是所有的舌尖音：t、t'、d、d'、ts、ts'、dz、dz'、s、z；再其次是所有的舌面音：tj、tj'、dj、dj'、ɕ（这些舌面音又可以和上述那些舌尖音通转）；所有的唇音：p、p'、b、b'、m 也都一样。

关于中介元音，我们证明了有 ĭ、i、w、ĭw 和没有 ĭ、i、w、ĭw 之间的通转。

主元音的通转恰似藏语动词之间的元音变换那样厉害。

我们从收尾辅音中看出鼻音和口音的对转：一方面是 ŋ、k、g，另一方面是 m、p、b，最后是 n、t、d、r。

现在如果把我们的发现应用于某些比较大的词族，那么就可得到像下面这样的两组词：

pwət 不：pĭwət 弗：b'ĭwət 咈：pĭwər 非：mwat 末：mĭwət 勿：mĭwəd 未（现代官话分别读作 *bu*、*fu*、*fu*、*fei*、*mo*、*wu*、*wei*）。

ŋĭăn 言：ŋĭan 谚：gĭwən 云：gĭwăt 曰：gĭwəd 谓：g'wad 话（现代官话分别读作 *yan*、*yan*、*yun*、*yue*、*wei*、*hua*）。

对这两组词不会有什么疑问。从以上所举的例子看，它们的意义确实相近，语音转换也很规则。我们这里绝对是证据确凿，然而同样的论据有时却会导致使人感到有些头疼的结果。

tɑn 丹 ∶ tjĭan 旃 ∶ tsĭĕn 缙 ∶ ts'iən 茜 ∶ tsĭăr 紫（现代官话分别读作 *dan*、*zhan*、*jin*、*qian*、*zi*）。

这里的音转情形与以上研究过的恰好相同：舌尖音 t 和舌面音 tj，塞音 t 和塞擦音 ts、ts'，尾音对转 n ∶ r，元音旁转 a ∶ ĕ 和 a ∶ ə，所有的都井然有序，然而说 tɑn（丹）和 tsĭăr（紫）是同一词根的两个变体，要接受这一点却显得有些困难。我们究竟是不是做得太过分了？所有这些音转规则都可以看成是已经确定了的吗？

我们显然不能把理论建立在每种音转只有三个例子的基础上，以上所举的只不过是从一大批例子中选出来的几个。我们的理论当然不能从这样有限的材料中获得，必须像通常一样，找出大量的材料才保险。某种音变现象很少，这实在不能证明建立这一规则是错误的。ts' ∶ s 的转换很少见，不过像 ts'əm"参"（三个漂亮姑娘、三匹马）∶ səm"三"这样的情况却是绝对可信的，这两个词显然同源。很清楚，得到大批贴切例证支持的音转规则大都是真实可信的，所以我们要选出三种音变，一种是声母的，一种是中介元音的，一种是尾音的，并且通过更完美的证据来描述它们。这三种音变全都能用大量可信的例子来证实，但是我们只略举几个，并加以选择，以便弄清楚两个有趣的问题。

问题之一是：这种通过改变声母、元音和尾音来从一个词根派生新词的方法，在上古汉语中，在早期历史上，在最初的文学作品里还是一种活的现象吗？当然，我们这里所说的并不是狭义的活现象。狭义的活现象指它仍有造词能力，通过这种方法在周朝还可以造出新的派生词——这一点是难以证明的，最多只有个别例子。我们所说的“活的”，是指上古作者仍然感觉到kwək（国）和 gĭwək（域）同属一类，是同源词，是一个词根的两个变体。

多亏上古作者有时用同一个汉字来表示这样的两个同源字，我们才有幸能够确证这一点。在下表中我们在一对词的前面用一个圈来表示这种只有一个汉字的情况，例如：○kăn ∶ g'ăn 都写作“閒”。

第二个更为重要的问题是：上古汉语还有名词、动词、形容词这些真正的词类吗？我们已经详尽地说明过，如果把多少年来的汉语看做一个整体，那么汉语的一个词就不是局限在一个确定的词类里的。一个词可以用作名词、动词，也可以用作形容词。“长”的意思是“不短的”（形容词）：“长虫”，长的虫，即蛇；而如果我们说“路之长”，那么这句话的意思就是“路的长度”，“长”在这里就是名词；“长命”的意思可以是“延长寿命”，“长”在这里又是动词。如前所述，从上古汉语到现代方言中都有这种现象，但这种现象毕竟与我们在现代英语中所遇到的完全相同：to clean the table[清洁桌子＝擦桌子]中的形容词 clean[清洁]用如动词，to table the question[桌子问题＝提问题]中的名词 table[桌子]用如动词。因此我们必须把广义的、心理学上的“词类”和狭义的、语法学上的“词类”这两个概念分辨开。table[桌子]这个词指的是一种实在的物体，所以尽管它有时可以用如动词，但其本义则是名词。“长”表示一种特征、一种品质，所以尽管它有时可以用如名词或动词，但它还是个形容词。我们的意思并不是指这种广义的“词类”,我们的意思是指狭义的、语法学上专门的“词类”。与形容词 clean[清洁]相应的有一个形态不同的动词 to cleanse[使清洁],这个词只能用作动词。现在问题就是:有的词用不同的记号、用特殊的语法形态来标志它们是动词,与其他具有名词形态特征的词形成对照,上古汉语有这样的词吗?换句话说,有两个不同的,但是读音却很相似的词,显然同属一个词根,其中一个是名词,而另一个是动词,二者形成对照,我们能找到这样成对儿的词吗?如果能找到,那么我们就能证明上古汉语具有最严格的、语法学意义上的“词类”,即在形态上相互区别的词类。

我们那三种音变的第一种是不送气清声母和送气浊声母的转换,它极为常见,有大量的例子。但是如上所述,我们这里只选出了很少的一部分,在这些例子中,音转表达了语法上的区别。和前面一样,右面一栏写的是现代官话形式,这里给出这些官话形式仅仅是为了表明上古音系已经被搞混搞糟了。

○kian 见(主动动词)	:	g'ian (被动动词)	*jian* : *xian*
○kĕg 解(动词)	:	g'ĕg (形容词)	*jie* : *xie*
kɑn 干(名词)	:	g'ɑn 捍(动词)	*gan* : *han*
kĭwan 卷(动词)	:	g'ĭwan 鬈(名词)	*juan* : *quan*
kɑ 哿(形容词)	:	g'ɑ 贺(动词)	*ge* : *he*

kap	:	g'ap	*jia* : *xia*
夹(动词)		狭(形容词)	
kĭog	:	g'ĭog	*jiao* : *qiao*
挢(动词)		乔(形容词)	
kiweŋ	:	g'iweŋ	*jiong* : *jiong*
坰(名词)		迥(形容词)	
○pĭĕŋ	:	b'ieŋ	*bing* : *ping*
屏(动词)		(名词)	
○pĭĕk	:	b'ĭĕk	*bi* : *pi*
辟(名词)		(动词)	
○pwəŋ	:	b'wəŋ	*bei* : *bei*
背(名词)		(动词)	
○păk	:	b'ăk	*bai* : *bai*
白(名词)		(形容词)	
○pĭwən	:	b'ĭwən	*fen* : *fen*
分(名词)		(动词)	
pwɑn	:	b'wɑn	*ban* : *pan*
半(形容词)		畔(名词)	
○tĭaŋ	:	d'ĭaŋ	*zhang* : *chang*
长(动词)		(形容词)	
○tĭwan	:	d'ĭwan	*zhuan* : *chuan*
传(名词)		(动词)	
tĭʊŋ	:	d'ĭʊŋ	*zhong* : *zhong*
中(名词)		仲(形容词)	
tĭu	:	d'ĭu	*zhu* : *zhu*
拄(动词)		柱(名词)	
tsəŋ	:	dz'əŋ	*zeng* : *ceng*
增(动词)		层(名词)	
tsĭəg	:	dz'ĭəg	*zi* : *zi*
子(名词)		孳(动词)	
tsɑŋ	:	dz'ɑŋ	*zang* : *cang*
赃(名词)		藏(动词)	

我们的第二组词是带不带ĭ介音的变换，这种音变在大量情况中也都出现过。表示相互之间语法差别的一些例子如下：

kɛn	:	g'ĭɛn	*jian* : *jin*
艰(名词)		馑(动词)	
ŋɑŋ	:	ŋĭaŋ	*ang* : *yang*
昂(形容词)		仰(动词)	
pwət	:	pĭwət	*bu* : *fu*
不(普通否定)		弗(情态否定)	
p'wər	:	pĭwər	*pei* : *fei*
配(动词)		妃(名词)	
twən	:	tjĭwən	*dun* : *zhun*
敦(形容词)		谆(动词)	
nəp	:	ȵĭəp	*na* : *ru*
纳(及物动词)		入(不及物动词)	
○tswət	:	tsĭwət	*zu* : *zu*
卒(名词)		(动词)	
○ts'u	:	ts'ĭu	*cou* : *qu*
趋(及物动词)		(不及物动词)	
dz'əp	:	dz'ĭəp	*za* : *ji*
杂(形容词)		集(动词)	
seĭŋ	:	sĭěŋ	*sheng* : *xing*
生(动词)		性(名词)	

我们的第三组词说明了口部清尾音和浊尾音之间的音变，这也同样是极为常见的现象，但我们只举个别表明语法区别的例子。

○ʔɑk	:	ʔɑg	*e* : *wu*
恶(形容词)		(动词)	
○d'ɑk	:	d'ɑg	*duo* : *du*
度(动词)		(名词)	
○b'ĭʊk	:	b'ĭʊg	*fu* : *fu*
复(动词)		(副词)	
○sĭʊk	:	sĭʊg	*su* : *xiu*
宿(动词)		(名词)	
○sək	:	səg	*se* : *sai*
塞(动词)		(名词)	
○tseĭk	:	tseĭg	*ze* : *zhai*
责(动词)		(名词)	
○dĭĕk	:	dĭĕg	*yi* : *yi*
易(动词)		(形容词)	
ʔĭĕk	:	ʔĭĕg	*yi* : *yi*
嗌(名词)		缢(动词)	
k'iat	:	k'iad	*qie* : *qi*
锲(动词)		契(名词)	
○tj'iwət	:	tj'iwəd	*chu* : *chui*
出(不及物动词)		(及物动词)	
○slĭwət	:	slĭwəd	*shuai* : *shuai*
率(动词)		(名词)	
tjĭəp	:	tjĭəb	*zhi* : *zhi*
执(动词)		鸷(名词)	
○nəp	:	nwəb	*na* : *nei*
内(动词)		(名词)	

上面举出的例子不难再举出几倍，不过所选的这些已经完全够用了。毫无疑问，列举的这三类形态区别(k-、p-、t-：g'-、b'-、d'-；○：ĭ；-k、-p、t：-g、-b、-d)是重要而用法规则的构词成分，大量的词根依此而产生了音转，造出了同源词族，并且这也常用来表

达语法上的区别。另外，在相当多的情况下，汉字的形体揭示出了，上古造字的人也清楚地感觉到了同根派生词的亲缘关系。然而，在这种亲缘关系中却有一个现象应当提出来讨论：同一个形态成分可以为几个全然不同的语法目的服务，这似乎太稀奇了。比如我们看到与清声母相对的浊声母有时可以表示与名词(kɑn)形成对照的动词(g'ɑn)，有时可以表示与主动态动词(kian)形成对照的被动态动词(g'ian)，有时又可以表示与动词(kĕg)形成对照的形容词(g'ĕg)，等等，可见这些区别方式并不是很明确的。在印欧语言中也有同样的现象，就是说，同一个形态成分可以起多种不同的作用。我们只需提醒一下，现代英语的词尾-s可以表示名词属格：dog's[狗的]，也可以表示名词复数：dogs[一些狗]，还可以表示动词第三人称：comes[来]。但是似乎特别可疑的现象是，上古汉语的同一个形态成分有时却为两个刚好"相反的"目的服务。我们有kɑn(干)和g'ɑn(捍)，其中清声母k表示名词而浊声母g'表示动词，可是还有kĭwan(卷)和g'ĭwan(鬈)，其中清声母k造出了动词而浊声母g'造出了名词。我们同样还有ʔɑk(恶)和ʔɑg(恶)这一对词，其中浊尾音-g表示动词，可是又有d'ɑk(度)和d'ɑg(度)这一对词，其中浊尾音-g表示名词。我们考究的这些结论可以接受吗？上古汉语的语法系统里会有这样不一致的现象吗？好，我们可以在印欧语言中再选一些类似的情况。例如在古典拉丁文中，词尾-us(短ŭ+s)有时表示阳性名词主格：lupus[狼]，与阴性名词主格puella[女子]及中性名词主格aurum[金子]形成对照，但有时却又恰恰相反，同一个词尾-us又表示中性名词主格：tempus[时间]，与阳性和阴性主格形成对照。请再对比一下形容词的比较等级：maior[大]、maior[较大]、maius[最大]。另外再让我们看看词尾-um，在 dominum[主人]中它标志单数主格，因而表示与复数相对的单数；但是在与 dominum 押韵的 hominum[人]中，同一个-um 却标志复数属格，因而表示与单数相对的复数。当然，我们这里是从纯粹描写的立场来看古典拉丁语的，并不涉及这种看来极不协调的系统的历史起源。如果我们不是恰巧懂得与拉丁语相关的其他语言，如果我们对前古典拉丁文一无所知，因而不知道形成古典拉丁语中这一体系的发展情况，那么 dominum 中的-um 标志单数，而 hominum 中的-um 却标志复数，这也许看来就是相当令人不可思议的了。上古汉语的情况恰恰如此。我们可以从纯粹描写的立场出发，了解到公元前 800 年左右的这一情况，这时我们发现了这个稀奇的现象：同一个形态成分在不同的词族中可以表示完全相反的语法关系。汉藏始祖语的早期语法系统导致了上古汉语中类似于 lupus：tempus、dominum：hominum 这样看来是很不协调的现象，而到目前为止，我们对这个早期的语法系统还一无所知。现在只好满足于陈述至今所能达到的汉语最古阶段中出现的事实，也就是上古汉语中的事实。

让我们现在来总结一下这番考究的结论。现代汉语最重要的特征是其孤立语性质，即没有道地的词形屈折，没有从一个共同词根构成几个新词的词语派生，没有用不同的形态来表示不同词类的语法差别——所有这些我们都称之为“孤立语性质”，这并不是汉语的早期原始特征。我们看到，上古汉语所具有的某些特征清楚地表明原始汉语完全是另一个样子。我们看到，上古汉语在人称代词中仍然有典型的屈折变格，在某些动词中还有个别时态变化的蛛丝马迹，但我们没有篇幅来着手讨论这个错综复杂的问题了。所以，具有真正术语含义的、道地的屈折手段在原始汉语中肯定存在，只不过我们还不能依据古代典籍来断定这种屈折系统在史前语言中究竟延伸到多古。另外我们还看到，上古汉语出现了大量的词族，其中的词都是共同词根的不同变体，这些共同词根的形态变体有时表达纯粹的语法范畴，如名词和形容词的对立、名词和动词的对立、形容词和动词的对立、动词和副词的对立、及物动词和不及物动词的对立、主动态动词和被动态动词的对立，等等，还有许多别的情况，限于篇幅我们不能解说了。这些有趣的特征表明，原始汉语与西方语言在性质上极为相似。像印欧语言一样，原始汉语肯定具有其屈折系统和词汇派生系统，具有其形态词类，简单地说，具有比较丰富的词形变化。它的孤立语特征是印欧语言中那些基本特征长期发展的结果，就此而言，汉语类似于英语，只不过它沿着简化和僵化的道路比现代英语走得更远些罢了。

首先，也最重要的是，这种僵化现象很早就有。在公元前10世纪初的上古汉语典籍中，我们就发现汉语已经沿着这种孤立系统的道路走出很远了。

表达名词、动词、形容词等这些语法范畴的词根变化在上古汉语中保留的比屈折手段要多，但也毕竟只是遗迹。在很多情况下，表面上“不变的”词性表现为孤立的，它们的语音形式和语法作用没有固定的联系，与此相比，标志语法范畴的真正形态系统的遗迹就微乎其微了。的确，即使在许多确有形态关系的情况下，上古的中国作者们也已经感觉不到其中的语法作用了，他们常常用不同的汉字来表示我们所讨论的这些词，这个事实就暴露了这一点。* ts'əm(名词)这个词和* səm(数词)的语源关系很近,可是前者写作"参"而后者写作"三"。简言之,汉语的性质早在三千年前就已经在很大程度上是孤立的了。逝者如斯,消磨和简化的音变势力导致汉语逐步丧失了当初具有的真正屈折和构词形态系统的最后遗迹。因此可以从实践的立场上说,现代读者接触古代典籍,并且出于我们以上解释过的理由,用其现代方言中的音来阅读,这时他实际的印象是,句子是由一连串没有屈折的、不变的单音节排列起来构成的,除个别助词之外没有其他语法手段的帮助。在他看来,似乎其中每个单音节都是独立的单位,一个词本身就是"字源",不和汉语中任何别的词"同属一类",即不同属一个词根。正如我们看到的那样,从历史上讲,尽管这是不对的,但从心理上讲,这对于现代读者却是事实。

这一事实极为重要。以上所描述的困难,简单说来就是缺乏我们在西方语言中所习惯的表示屈折和派生的形态,这被证明是掌握文献语言最大的绊脚石,实际上这在近三千年前的上古典籍与后代文献中都完全一样。我们刚才所描述的早期语法清晰的汉语遗迹简直微乎其微,在语法分析中不能给我们以任何有价值的帮助,而且更糟的是,这些遗迹完全被上古词语的现代音读所掩盖了。上古汉语典籍的写作年代太久远了,因而其中的大部分词汇都变得过时了,真正的词义已经被忘记了,这就更增加了阅读的困难。另外,随着许多世纪的流逝,表达法和修辞格当然也起了很大变化。所有这些现象合起来,就造成了阅读和注释上古文献的极大困难,这确是像中国人所谓的"难嚼"。

五　训诂

为了给出这些困难更加具体的概念，我们决定举几个中国上古诗歌的例子，描述几个让读者感到棘手的难题。

中国文学究竟产生于多古，一般通行的意见往往是把它过于夸大了。我们没有产生于公元前 20 世纪的真正的文学作品，真正的文学只是在公元前 10 世纪初期才开始繁荣。最重要的早期文学遗产中有一部诗歌选集，它多少年来一直在中国受到喜爱和尊崇，像古典文学中的《荷马史诗》和斯堪的纳维亚国家的《埃达》[*Edda*]一样被人重视。这部选集叫做《诗经》，它包括 305 首诗，其中有的非常短——只有两三章，每章四句；也有的又很长——有十五章或二十章，每章四句或八句。《诗经》中有不少是赞美周朝（公元前 1027—公元前 256 年）的开国君王及其祖先的祭祀诗歌，其中大批诗歌极生动地反映了贵族阶级的风俗习惯，反映了他们的节日和日常生活、婚姻、宴饮、爱情、田猎，还有弃妇贬官的怨诉、征夫游子的嗟叹等一系列丰富多彩的内容。诗歌在风格上都经过了加工润色，几乎没有原始天然的样子了。这些诗歌一概非常清新优美，并且富有激情。诗歌韵律严谨，各种各样的韵脚都同用一套严格而固定的押韵系统，因此，中国诗人在西方诗人之前很早就知道用韵了，这就好比给七弦琴加上了琴弦一样使诗歌带上了旋律美。

这些诗篇的基本特征与所有中国古典文学作品相同:它们异常简洁,大量地省却了语助词。这些短而无形态变化的单音节词按警句的样子排列起来,就像一份极为简明的电报稿。然而,作者正是要通过简明的诗句来创造一种本身具有含蓄美的风格。这些诗篇多数写成于大约公元前1000年到公元前700年间。

我们并不打算深入讨论这些古诗的文学特性,也不打算用文学、史学、宗教学和考古学的观点来描述其内容的价值和重要性,我们在这里打算讨论的仅仅是语言学这一个方面。

正如以前所提到的,在公元前213年,有个专制的皇帝为了粉碎保守儒生对他激进政策的抵制,举行了一次大规模的焚书。

多数上古文学作品都化成了灰烬,存下的只有少量写在木简上的抄件。保留到后世的书都来自这些被藏起来而免遭焚毁的抄件,或者来自公元前2世纪一些热心的儒生根据记忆写出的副本。在誊抄这些副本的时候,古籍被转写成了当时的字体,即经过较大改动的"小篆"和后来的书写变体。经过字体的变迁,书中的意思在很大程度上变得不易确定了,要产生争辩了,因而在汉代(公元前206—公元220年)有几个相互竞争的学派各自为几个多有分歧的不同副本进行辩护。研究《诗经》的有四个这样的学派,即韩、齐、鲁、毛四家,"毛诗"取得了最后的胜利。公元前2世纪的儒者毛亨提倡这一学派并编集了一本注释,这个学派在其后至今一直是解《诗经》的规范,而其他副本和注释则大都亡逸了,仅是作为引文残存在公元后最初几个世纪的著作中。

《诗经》的语言当然是古旧的,由于大批词语在汉代以前都已废弃,所以就产生了关于这些词语真正含义的热烈争论。《诗经》

极为简练的风格使人们有可能从中理解出几种不同的意思，因此，尽管一首诗的全部内容都成了各种不同解释的话题，但所有的解释却常常是在语法上都可以接受的。在没有屈折手段的语言里，主语常常是不言而喻的，因而人们不知道句中出现的是“我”、“你”、“他”、“我们”，还是“他们”，人们也不知道动词是用作过去时态、现在时态，还是将来时态，等等。显然，注释家与古代北欧铭文的研究者一样，都有很多机会作出任意的解释。关于《诗经》的注本为数极多，把它们合在一起可以构成一部宏大的丛书。

注释家的最大困难来自汉字的特性。我们以前解释过，在汉语的最古阶段就已经采取写一个音近的字来假借作另一个字的不幸手段了：来＊ləg（麦）借作＊ləg（来），其＊kĭəg（簸箕）借作＊g'ĭəg（他的），如此等等。显然，当我们遇到一个难解的词时，这个书写符号就总有可能是一个这样的假借字。通过假借，一个字换成了另一个音同或音近的字——这样的假借手段实际上在每一章诗里都有，然而只有在中国儒者能够成功地认出这大量的假借作用之后，《诗经》的注释才有可能确实走上正轨。另一方面，这种现象显然为最无稽的臆测打开了方便之门：这个字借为那个字，这个词用作那个词，等等。这种猜测是无穷无尽的，在每一行难解的诗中如果只图字音相近，那么人们就可以随便把一个字换成另一个字。

如果由于汉字所特有的这种语音假借用法使臆测的机会难以消除，那么还有另一种不幸的情况会把事情搞得更糟。《诗经》最古的注本是汉代的，可是随着《诗经》成书之后五百年的流逝，汉语的语音已经起了很大变化，并且正如我们所看到的，这些变化并没有反映在文字上。博学的汉代语文学家们热心地推究书中出现的语音假借字，但由于无法得知这些诗歌写作时代流行的读音，他们经常入迷途而不知返；而现代语言学家则是用科学方法构拟出来的上古音从事研究的，他们在这里所处的地位就有利得多了。

我们现在要举一些例子。比较难懂的常常也是最重要的，这些例子在语音上太复杂，这里不能细说了，我们只能满足于举几个比较容易解释的。

《小雅·天保》是一首祝福诗，它是这样开头的：

天保定尔，亦孔之固。俾尔单厚，何福不除。

即，天保佑你并使你安定，做得非常稳固，使你得到了富厚，但最后一个"除"字是什么意思呢？

公元前 2 世纪毛亨说："除，开也。"由此解作"什么福气不(向你)打开"。在"除道"这个词组中，"除"的意思是"开"，这并不错，但这个词的本义是"消除"，而"除道"是一种高度省略的说法，真正的意思是"消除"，即"清除障碍物来清理道路"。如果把这个意思应用到这首诗里，我们就必须把"何福"看做与格，译作"与什么福气不清除"，即"不清除道路"，真是个牵强附会的解释。因此，逝世于公元 1200 年的儒学集大成者朱熹试图另寻答案，他的古籍注解几百年来一直是中国所有的策试文章都必须遵守的，直至 1904 年还是如此。他认为"除"在这里的意思是"除旧而生新"，因此"何福不除"的实际意思是"什么福气不替换"，也就是换成更大的福气。多么离奇的说法！而在其后六百年间敢于怀疑这种胡说八道的可怜的考生又多么倒霉！答案实际上截然不同。现代读 *chu* 的这个“除”字在上古汉语（约公元前 800 年）中是 * d'ĭo（平声），这个字不过是“储”的假借，“储”上古也是 * d'ĭo（平声，现在读 *chu*），意思是“积累”，所以是“什么福气不积累（给你）”，于是这很自然地连上了前面一句“使你得到了富厚”。这两个字的形体大不相同，它们连同样的声旁都没有，所以要想假定一个字是另一个字的假借，这似乎太冒险了。如果没有一个使人信服的比较，我简直不敢提出它是或者不是。在几乎与《诗经》一样古老的一部占卜书《易经》里，有个当“积聚”讲的字：“王子积聚武器来准备防御袭击。”“积聚武器”这个词组写作“除戎器”，“除”（清除武器）在上下文中是讲不通的，它在这里显然是“储”的假借字。这就是在公元 2 世纪时的石刻《易经》中儒者之所以用正确的“储”来替换“除”的理由。这样，我们所讨论的假借现象就得到了清楚有力的证明。

更复杂的例子来自《小雅·宾之初筵》，它描写了皇宫中的一次盛宴。贵族们喝醉了，离开坐席开始跳舞和转圈儿。第四章说：

宾既醉止，载号载呶。乱我笾豆，屡舞僛僛。

即，当宾客喝醉的时候，他们大呼小叫，掀翻了我们的笾和豆等食器，不断僛僛地跳舞。叠音词“僛僛”表明是个方式副词：“以僛僛的方式”、“僛僛的样子”。可是这个“僛僛”（现代读 *qi qi*）是什么意思呢？毛亨说：“僛僛，舞不能自正也。”这表明他把“僛”当做另一个 *qi*，即“攲”的假借字了，“攲”的意思是“歪斜”、“倾斜”，所以是“不断歪歪斜斜地跳舞”，这一说法得到了所有后代注释家的赞同。在毛亨的时代，这两个字的读音当然相当近似，可是我们现在已经证明了在上古汉语中“僛”读* k'ĭəg 而“攲”读* k'ia，它们的读音后来重合了，显示都读 kj'i，后来又都变成了现代的 *qi*。这些语音事实使毛亨的解释变得无效了，因为* k'ĭəg 当然绝对不能因假借而写作* k'ia，它们在读音上差得太远了。实际上这句诗的意思要具体生动得多。我们看到“僛”字的声旁是“其”，它最初读* kĭəg，意思是“簸箕”，我们必须从用“其”做声旁的那一系列字中去寻找答案。有一个词写作三个非常相似的异体，都从“其”得声，在上古汉语中读作* k'ĭəg（现在读 *qi*），因而它与我们诗中的这个“僛”读音恰好相同，它的意思是“脸上的面具”。公元前 3 世纪的一部典籍《荀子》中说：“仲尼之状，面如蒙倛。”即孔子的脸像面具一样严肃而坚定。但在多数情况下它的意思是比较丑陋的面具，是鬼脸，是在跳神时用来驱鬼的。这是个可怕的、龇牙咧嘴的面具，在《诗经》时代的考古材料中我们得到了不少保存在坟墓里的这类青铜面具。公元前 2 世纪的《淮南子》说：“视毛嫱、西施犹颠醜也。”这就是说，他（贤人）看毛嫱和西施这样的美女丑得像“颠醜”一样，即像戴上鬼脸的跳神巫。同时期的另一部典籍《列子》说：“果若欺魄焉。”现在可以相当自然地把诗中的“僛”解释作这个“欺”（恶魔面具）的异体字，而我们“屡舞僛僛”这句诗的意思就是“不断像恶魔面具般地跳舞”，即像戴上假面具跳大神，换句话说，野蛮而疯狂地跳舞。这展现了一幅极为生动的景象，与毛亨平淡的解释“歪歪斜斜地跳舞”截然不同。

《大雅·绵》是赞美周朝创立者和抗敌战争的诗，我们看到下面这两句：

虞芮质厥成，文王蹶厥生。

第一句的意思是："虞国和芮国诚心诚意地作出了缔结和约的保证。"这一句多少有些复杂，解释有好几种，但这确实是个正确的解释，关于这句我们不准备详细讨论了，我们要看下一句。上面"生"的意思是"生育"、"生存"、"生命"。毛亨说："蹶，动也。"又说"生"是"性"(本性)的简写，因此"生"用作"性"的假借，而没有像实际上那样，在左边加上个表意的形旁"忄"来找麻烦。在上古"生"是* sĕŋ 而"性"是* sĭĕŋ，这两个词属于同一个词根：* sĭĕŋ 等于"出生的"、"本性"。这样一来，这句诗的意思就得解释为"文王移动了他们的本性"，即唤醒了他们本来的仁性，因而使他们成了他的忠实信徒。"蹶"这个字也出现在另一首诗中，在那里它的意思是"有活力的"、"匆忙的"、"快的"、"殷勤的"。这个词在这里用如动词"使快"、"加快"。所以是"使快速移动"、"加快他们的本性"，这当然太牵强附会了。所以英国的汉学家亚瑟·韦利[Arthur Waley]试图作出另外的解释。韦利考虑到上面的"蹶"字也当"践踏"、"踢"讲，同时又采用了"生"的最初意义"生命"："文王践踏了他们的生命"；或者，像韦利翻译的这一句：Wen wang harried their life [文王蹂躏了他们的生命]。然而，像"生命"这样的抽象词用作动词"蹂躏"的宾语是不适宜的；另外，人们一般都赞美文王是个仁慈善良的君主，从来不虐待被他征服的反抗者。实际上答案截然不同。有个"牲"字，意思是"牺牲"，它与"生"同音(都是* sĕŋ)，并且实际上同语源，"牲"的意思仅仅是"生命"、"牲畜"，这很容易从其他典籍得到证明，但我们这里限于篇幅不能例举了。有人也许要说，“生”字本身就是个“牲畜”的证据，因为它的意思仅仅是“一头活的牛”，古作“𡳿”，画的是牛角，所以就完全可以允许假设这一句诗中的“生”字的意思是“牺牲”，等于“牲”。但另外还有一个“蹶”字，它的意思一方面是“有活力的”、“快的”，另一方面是“践踏”，它的上古音是* kǐwad，声旁是“厥”* kǐwăt，形旁是“足”，既表示“快”的意思也表示“践踏”的意思。然而还有一个众所周知的上古词“蕨”，也读* kǐwad，意思是“祭台”。在古代中国缔结和约的时候，总是有一件象征契约的神圣祭品。所以我们就有充分理由假定我们诗中的* kǐwad肯定是表示“祭台”，而不是“快”、“有活力”、“移动”，也不是“践踏”，换句话说，在“文王蹶厥生”这句诗中，“蹶”* kǐwad用作了“蕨”* kǐwad的假借字。现在整句诗就清楚了：“虞国和芮国诚心诚意地作出了缔结和约的保证，文王摆出了他们祭祀的牺牲”，摆出了他们诚意誓言的信物。这再次给出了一个具体的解释，这个解释与我们所知道的缔约仪式相符。

有人当然要问：为什么非假借“蹶”字来代表“蕨”字不可呢？为什么不用本字“蕨”呢？我们接着以上所说的来解释。这两个字当然都从“厥”得声，在周代确实只写这个简单的“厥”来假借作“蕨”，并不加任何表意的形旁，这正如用“麦”* ləg来表示“来”* ləg一样。后来在焚书之后的汉代，当学者们着手用当时的字体抄写保存下来的古籍时，就想要加上一个表意的形旁，而那时这句话被曲解了，因而就加上了错误的形旁“足”，而没有加上正确的“艹”。

《小雅·正月》是一个高级官吏的怨诉，他由于民之讹言而被曲解并遭贬官，他控诉他的孤独，而群小却得到了他们权贵亲属的有力支持。诗的第十二章说：

> 彼有旨酒，又有嘉肴。洽比其邻，昏姻孔云。念我独兮，忧心殷殷。

“昏姻孔云”（婚姻—大—云）这一句太不可思议了。毛亨说：“云，旋也。”这暗示他认为这个“云”（* gĭwən，平声）是去声“运”* gĭwən 的假借字。众所周知，“运”的意思是“旋转”，毛亨猜想这句话的意思是“亲戚极大地转向他们”，这太牵强了。公元 7 世纪的杰出学者孔颖达试图把这一解释改作“亲戚极大地围着他们转”，即“服侍他们”，真是个好笑的说法。因此王安石（11 世纪）毅然抛弃了毛传而试图提出一个不同的答案。“云”字常用来代表* gĭwən“说”这个词，因而他解释作“亲戚高度地说”，即他们的亲戚高度地赞扬他们。这就其本身来说是非常勉强的；再有，当“说”讲的“云”只用来引导直接引语，例如“王云……”，没有一例“云”的意思可以是“谈论”、“赞扬”。真正的解释截然不同。有一个也读平声* gĭwən 的词，意思是“充足的”、“众多的”，它写作“芸”，即从“云”得声，顶上又有形旁“艹”，它在别的诗和上古文学的许多篇章里都出现过。大约公元前 400 年时有一部《庄子》，其中我们发现有“万物云云”，即“世间的事物是无数的”。在这一句中“云”是这个“芸”（众多）的略体，也就是说，这个声旁还没有带上表意的形旁“艹”。如果我们现在下一个合理的结论——我们诗中的“云”同样也是“芸”的略体，那么我们就得到了“昏姻孔云”的意思:“(他们的)亲戚非常多”,这漂亮地合于下一句“念我独兮”。《庄子》中的类似情况为此提供了确证。

在《周颂·小毖》这首短诗中,周朝的第三个君主抱怨他难以治理皇族中的叛臣。“肇允彼桃虫,拚飞维鸟”,接下来是“未堪家多难,予又集于蓼”。第一句的“允”不过是像希腊语 de 那样的助词,不必翻译,“肇”通常的意思是“始”。

肇允彼桃虫,拚飞维鸟。

毛亨认为这里说的是叛臣:“最初他们(仅仅)是鷦鷯,但现在却飞了起来,证明是鸟了。”换句话说,是大的飞鸟而不是无害的小鷦鷯了,因此是“危险的敌人”。这太可笑了,因为这样的对比本来是完全可以由某个形容词表达的:他们飞了起来,证明自己是大鸟或真正的鸟,等等。因此,如果毛亨是正确的话,那么“大”这个限定词就是省略了,然而这个离奇的解释却得到了所有后代注释家的赞同。可是我们所讨论的这句诗却具有完全不同的含义。“肇”在许多有确证的情况下都假借作另一个同音词“肇”(都读上声的 d'ïʊg),意思是“灵巧的”、“快的”,例如《大雅·江汉》的“肇敏戎公”,上古文学作品中还有更多的例子。不幸的人抱怨他不是鸟,不能远离困难飞去,这是诗歌中很普通的主题,比如《小雅·四月》:“匪鹑匪鸢,翰飞戾天。匪鳣匪鲔,潜逃于渊。”在我们所讨论的这首诗中恰恰也有同样的景象,因此“肇”的意思不是通常的“始”,而是假借作“灵巧的”、“快的”:“那些鷦鷯确实灵巧,他们飞了起来,是鸟(即,他们能够躲避);我不胜任家中的许多困难,但我栖息在蓼草上。"即,我却不能躲避。

最后我们要举几个其他类型的例子,它们的词义是完全清楚的,但我们却在其中遇到了其他解释上的困难。

《小雅·小弁》是一个没有父母亲戚的孤独弃儿的嗟叹:

> 维桑与梓,必恭敬止。靡瞻匪父,靡依匪母。不属于毛,不罹于里。

著名的注释家郑玄(公元2世纪)解释道:"难道我不依恋(我父亲的)毛发,不依恋(我母亲的)胞胎吗?"换句话说,我难道不是我父母肌肤的一部分吗?——虽然他们现在已经死去了,但我不也和其他任何人一样都有过父母吗?这个离奇的解释被后代所有的注释家毫不犹豫地接受了,即使是古代诗歌翻译家理雅各[James Legge],在18世纪60年代也相当认真地译作:Have I not a connection with the hairs of my father; did I not dwell in the womb of my mother?[难道我与我父亲的毛发没有联系,难道我不曾处于我母亲的胞胎之中?]

然而"里"的意思可以特指"衣服的内侧"、"里子",例如《邶风·绿衣》:"绿衣黄里。"与"内侧"、"里子"相对,我们有"毛",即皮的外侧,所以我们这句诗的意思相当简单:"(我在世间茕茕独立,)我不附属于(衣服的)外侧,也不附属于(衣服的)里子(内侧)。"

这句诗的含义是什么呢?它显然涉及家族亲戚关系。在最古的典籍中,姻亲就已经叫做"外亲"了,对立于自己家的血缘亲,即

"内亲"。所以,"我不附属于(衣服的)(毛面=)外侧,不附属于(衣服的)里子(内侧)",就是,我既不属于(婚姻的)外亲家族,也不属于(血缘的)内亲家族。正是"毛"和"里"的对仗正确地搞清了比喻的意思,这与父亲的毛发或母亲的胞胎毫不相干。

《小雅·苕之华》更为稀奇。这是首短诗,几句之后它描写了当时的邪恶,描写了作者"不如无生"的希望,其中说:

牂羊坟首,三星在罶。

即"母羊有巨大的头,三星(猎户星座)在鱼笱里"。这好像是首疯诗,而中国的学者们还要辛辛苦苦地去解释它。

毛亨说:如果母羊像公羊一样有大头(即如果长了角),那么就表示这个国家里所有的事情都搞得乱七八糟了;如果猎户星座出现在,也就是映射在水中的鱼笱里,那么就是描写这仅仅是飞逝的一瞬间——这种情形不能长期继续下去了! 12 世纪中规中矩的注释家朱熹解释得比较现实些:母羊头大但身上瘦,猎户星座恰可以透过鱼笱看见,因为鱼笱里没有鱼——这个国家的情形坏到了这个程度。但是为了理解真正的含义,我们必须先看几首别的诗。我们回过头来看有关贵族宴饮的那首诗,《小雅·宾之初筵》:

由醉之言,俾出童羖。

从毛亨那时直到现在,这句诗一直被解释作"你使他们像'无角的公羊'那样胡说八道"。虽然多少年来都没有引起异议,但这种勉强的解释显然是不能成立的。在另一首诗中我们看到：

彼童而角，实虹小子。

即，“那些不过是孩子但却有角的人，确实是爱吵闹的少年”。诗人抱怨那些早熟的无礼少年，把他们比作已经能用角顶人的小山羊。据此我们不难懂得，那首宴饮诗中的“无角的公羊”很清楚是个反喻：他们是公羊，也就是成年人，而没有角，也就是孩子。理解这句诗的关键在于“出”字，它的意思是“拿出”、“造出”，但不是像毛亨所以为的当“说出”讲，而是当“显出”讲。“如果你赞成醉汉的话，那么你就使他们（表示出、显出＝）表明自己是无角的公羊（孩子气的大人）。”

我们这里因而就有了一组把人比作羊的隐喻：没有角的大人＝幼稚的成年人，有角的少年＝早熟的年轻人。如果我们回到最初那首诗，“牂羊坟首”，母羊有大的（即长角的）头，即“母羊看起来像公羊”，那么它的意思就是，弱者装出很蛮横、貌似强大的样子。我们后面还要回来谈及这一点，我们必须先着手解决另外半句：“三星在罶。”

“罶”* lĭʊg（鱼笱）与另一个“霤”* lĭʊg 同音，“霤”的意思是“房顶中央的洞”，雨水从洞里滴进来供某种祭仪用。在《诗经》的一个本子里有个汉代的异体“霤”：“三星在霤”，猎户星座在天窗里。换句话说，古本只有本身当“滞留”讲的“留”，它可以假借作别的字。而在汉代抄书时，有个学派加上了一个表意的形旁“罒”，并把这个词解释成“鱼笱”；而另一个学派却加上了形旁“雨”，并把它解释作

“房顶上的洞”。应该相信哪个说法呢？这需要别的证据。在《唐风·绸缪》中我们发现有“三星在户”，三星（猎户星座）在门里（出现），可以透过门看见；还有“三星在隅”，三星在角落里（出现）。在这两例中，这个星座都是从房屋的某一点看到的，结果我们这里就有了与我们那首诗极为类似的情形，它说的是“三星（猎户星座）在天窗里（出现）”。

在《诗经》里有一个著名的比喻，把有钱有势而无所事事的高级贵族比作看上去能引起人们奇妙联想却没有任何实际用处的星座。例如《小雅·大东》谴责无用的高级官吏说：“睆彼牵牛（摩羯座的几颗星），不以服箱……有捄天毕（毕星团的几颗星），载施之行。维南有箕（人马座的几颗星），不可以簸扬。维北有斗（大熊星座），不可以挹酒浆。”所有这些都是比喻，指的是那些华贵而没有任何实际用处的贵族。

根据所有这些类似的情形，我们现在就能理解那句莫名其妙的诗了：这个国家的情况变得真糟，我还不如根本不出世呢——“母羊有大的（长角的）头，三星（猎户座）在中央天窗里（出现）”。意思是，我们的高级官吏纵然看起来像强壮的公羊，但却是懦弱的母羊；他们像我们透过中央天窗看见的闪闪发光的星座，但却对我们无益，他们远离苦难的人民，高高在上，什么事也不做。对于周朝有文化的中国人来说，这些比喻显然是非常流行的，是众所周知的，所以，当诗人呼喊“牂羊坟首，三星在罶”的时候，他们马上就能懂得这是对高级官吏的强烈谴责。

六　结语

我们以上几个例子强调了一个在估量学习汉语的“困难”时所必须牢记在心的事实，这都是依着“学汉语”的意思而定的。如果目标仅仅是能够用官话或某种别的现代方言来进行会话，那么这个任务就相当简易了。如果有更高的志向——同时也想学习文字，那么必要的工作量当然就要大得多，但也仍然没有什么严重的困难。然而，如果抱负再大些——想要精通文学语言，并想钻研三千年间中国文学的各个部分，那么就会面临一项异常艰难的任务。正像我们已经看到的那样，这些困难大量存在于那些只有通过长期体验和广泛阅读才能掌握的知识之中。一方面，简洁的语言不明确；另一方面，需要了解中国的文化背景以及多少年来中国人的生活和思想。例如，对于一个盎格鲁撒克逊人来说，学习一门像荷兰语或葡萄牙语之类的现代语言不同于学习古典希腊语，他绝不能指望用精读荷兰或葡萄牙小说家著作的那种方法来浏览一遍欧里庇得斯[Euripides]或希罗多德[Herodotus]之类希腊作者的撰述。即使他彻底地了解希腊语法和普通词汇，也不能不靠大量的注释才能读得懂这些希腊名著。同样，人们也绝不能用学习意大利语或俄语的方法来学习书面汉语，学习书面汉语时他们必须更多地依赖那些揭示文化背景并解开无数文献语言之谜的大量注释。但如果工作因此而越加艰苦，那么学习者从中得到的酬劳也就越大。他们可以进入一个比荷兰语、葡萄牙语、意大利语或俄语更为不同的、迷人的崭新境界。

图书在版编目(CIP)数据

汉语的本质和历史/(瑞典)高本汉著;聂鸿飞译.—
北京:商务印书馆,2017
(汉译世界学术名著丛书:120年纪念版:珍藏本)
ISBN 978-7-100-14922-8

Ⅰ.①汉… Ⅱ.①高… ②聂… Ⅲ.①汉语—研究 Ⅳ.①H1

中国版本图书馆CIP数据核字(2017)第159025号

汉译世界学术名著丛书
(120年纪念版·珍藏本)
汉语的本质和历史
〔瑞典〕高本汉 著
聂鸿飞 译

商 务 印 书 馆 出 版
(北京王府井大街36号 邮政编码100710)
商 务 印 书 馆 发 行
北 京 冠 中 印 刷 厂 印 刷
ISBN 978-7-100-14922-8

2017年12月第1版 开本710×1000 1/16
2017年12月北京第1次印刷 印张7
定价:40.00元